苏格拉底的敬神

——柏拉图《游叙弗伦》疏解

顾丽玲 著

目录
CONTENTS

引　言	001
第一章　从卢凯宫到国王门廊(2a1 - 3e6)	007
1. 从卢凯宫到国王门廊	010
2. 王者执政官	014
3. 传唤抑或预审	017
4. 惊诧与平静	019
5. 庇透斯的米利都及其指控	021
6. 游叙弗伦替苏格拉底辩护	030
7. 游叙弗伦的身份	036
第二章　游叙弗伦告父亲(3e7 - 5d6)	041
1. 赫拉克雷斯之举	045
2. 习俗的虔敬观	049
3. 告发与洁净	055
4. 苏格拉底要当学生	059

第三章　做神所做（5d7 – 6e9）　　　065

1. 诸神抑或理念　　　068
2. 不敬神的可能原因　　　075
3. 苏格拉底的神话　　　081
4. 自然化，抑或伦理化　　　085
5. 澄清问题　　　088

第四章　为神所喜（6e10 – 11e5）　　　091

1. 为神所喜　　　101
2. 指控父亲的根据　　　105
3. 对不义之辩护　　　108
4. 定义之修正　　　113
5. 属性与本质　　　115
6. 作为幕间的代达洛斯之笑话　　　120

第五章　作为实践技艺的虔敬（11e6 – 15c10）　　　125

1. 斯达西努斯的诗作　　　133
2. 作为驯养的照料技艺　　　137
3. 作为主仆的照料技艺　　　140
4. 侍奉作为一种可能的虔敬之理解　　　143
5. 作为交易的技艺　　　146

结语　逃匿的普洛透斯（15c11 – 16a4）　　　151

附录一　柏拉图的虔敬神学——以《游叙弗伦》为论述中心　159

附录二　苏格拉底眼中的游叙弗伦问题——以柏拉图的虔敬观为视角　179

附录三　从《游叙弗伦》看苏格拉底的敬神　199

参考文献　212

引 言

古代信仰是关系希腊城邦政治生活秩序的根本问题。

著名的希腊宗教学者布克特教授曾这样说:"自从柏拉图并经由柏拉图,希腊的古代信仰变得与之前有了本质性的不同。"这个说法,其实涉及了三方面的问题:古代信仰原先状况如何?这一转变何以必要?这一转变归向何方?《游叙弗伦》(以下简称《游》)以虔敬为主题,关涉的正是古代信仰转向的这些基本问题。

古代信仰不仅在雅典城邦的形成过程中扮演着重要角色,而且在城邦制度、习俗和法律等诸多方面占据着重要位置,是家庭和城邦的基本法。古代的虔敬之信仰,一方面,首先意味着人与人之间依宗教法则而言的正确相处,尤其是作为家庭祭司角色的父亲与其他家庭成员之间的相处。在家庭祖先崇拜阶段,家庭成员要成为一位虔敬者,首先必须做到遵从父亲。这是最神圣的责任,是虔敬首要且不可或缺的内涵。另一方面,虔敬意味着人对神应有的态度。这个态度更多的是指具体的崇拜行为,包括形形色色的献祭、崇拜及净化的仪式。人们将这些未成文的仪式和惯例视为祖先之法,并加以遵从和实践。学者把这种诸神信仰称为"作为实践的政治神学"。

逮至苏格拉底、柏拉图的时代,古代信仰出现了前所未有的危机。从内部因素来说,古代的诸神信仰得以建立的内在依据是诗人神学,而诗人神学并不可靠。最初,荷马和赫西俄德决定应？通过《游叙弗伦》,柏拉图为我们展现了古代信仰的内在困境,也为我们指示了信仰重建的新的可能方向。虽然,在《游叙弗伦》中,苏格拉底与游叙弗伦的一番探讨并没有得出关于虔敬的明确定义,但柏拉图将虔敬指向其理型,以这种对确定的理型的探求,回应了智术师的怀疑主义和相对主义,并找到了解决古代诸神信仰危机的可能方向。柏拉图通过虔敬之理型的提出,在某种意义上实现了信仰的内在化转向。虽然虔敬之理型是外在于人而存在,但对此理型唯有灵魂之眼才能把握。于是,灵魂成了信仰中不可或缺的关键因素。人只有实现灵魂的转向,从可感世界上升到可知世界,才能得到可靠的指引而达到一种真正善的生活。于是,信仰与灵魂的紧密关系得以构建。如果说古代诸神信仰是一种深刻依赖于神话故事而偏于外在仪式的信仰形式,那么,柏拉图所提出的作为理型的虔敬所指向的是一种偏于内在化的信仰形式。这里的"内在化"也是在灵魂与信仰的内在关联意义上说的。柏拉图的虔敬观,站在古代信仰的转折点上,实现了从外在仪式的诸神信仰,到与灵魂紧密关联的虔敬之理型的转向,为信仰的普遍性和确定性重新奠基。不仅回应了古代诸神信仰的内在矛盾,而且为古代信仰重新指明了一种可能的方向。这一转向通过新柏拉图主义的阐发,对后世的信仰传统产生了深远的影响。

其实,每个时代都会造立形形色色的诸神形象,人们在各种幻象的诸神信仰中虚耗光阴。就此而言,由外在诸神转向内在灵魂这一转向何尝不是个体生命所需完成的自我使命。如果说,诸神崇拜犹如洞穴中墙上的光影,真正的光明在洞穴之外。那么,谁又是走出洞穴而见此真光明者?

第一章

从卢凯宫到国王门廊(2a1 – 3e6) *

---

* 1578年,由 H. Stephanus(斯特方)主编的《柏拉图全集》希腊文版在巴黎出版。他所编定的分卷、页码和分栏(a、b、c、d、e),以后为各国柏拉图学者广泛采用。为方便读者,本书亦根据牛津柏奈特(J. Burnet)的希腊文校勘本标明对应的编码。

游　[2a]呃,苏格拉底,什么风把你吹这儿来了?这会儿你怎么离开卢凯宫(λύκειον)的老窝,上国王门廊(βασίλειος στοά)这儿来消磨时间?该不会跟我一样,上王者执政官(τὸν βασιλέα)这边跟什么人打官司吧?

苏　[a5]啊呀,游叙弗伦,实际上,雅典人把这叫公诉,不叫私诉哩。

游　[2b]你说什么?看来有人要告你,对你提出公诉。我想总不至于你要告什么人吧。

苏　当然不是。

游　真有人告你啊?

苏　[b5]没错。

游　这人是谁?

苏　其实我根本就不认识这人,游叙弗伦。据我所知,他好像是个年轻人,也没什么名气,我只知道他们叫他[b10]米利都,是庇透斯人。或许你认识庇透斯的米利都这么个人吧,他长头发、小胡子、鹰钩鼻。

游　我不认识这家伙,苏格拉底。他到底[2c]告你什么?

苏　告我什么?至少对我来说,这可是件了不得的事噢。他年纪轻轻,就知道这么重要的事情,真是厉害呐。据说,他不单知道青年是怎么被教坏的,还知道是[c5]谁教坏的。他好像很有智慧的样子,看到我愚笨无知,教坏了他性地制造了诸神的样貌,并把这些拟人化的诸神理解为世界秩序的主宰力量。然而,诸神之间不可调和的冲突和矛盾,决定了他们无法成为秩序的一致性的来源,因而无法真正有效地引领人们走向善的生活。从外部因素来说,古代的诸神信仰,当时又受到了伊奥尼亚自然哲学和智术师的影响。早期自然哲学家反对将诸神作拟人化理解,并且批判对诸神的仪式崇拜,代之而起的,是对这个秩序井然的万物宇宙的关注。但这种探讨并不导致脱离诸神,而是使得神性得到更充分的理解。所以,作为实践的宗教生活,并没有因此发生太大改变。

然而,智术师运动的出现,却给古代信仰带来了巨大的冲击。公元前5世纪,由伯利克利所推进的彻底的民主制,激发了雅典城邦对继续教育的迫切需求。用修昔底德的话来说,伯利克利的民主制之所以被称为民主制,乃是因为公共事务的管理不是委托给少数人,而是面向多数人。一方面由法律确立起人人平等的原则,另一方面又允许发挥个人的价值。于是,在法庭辩论和政治演讲中谋取成功的期望,导致了特殊的说服和论辩技艺的发展。由于雅典男性公民的普通学校教育一般到14岁即可完成,而在民主制的城邦生活中,为了出人头地而展开的竞争,创造了对继续教育的实际需求。智术师运动至少部分满足了这种迫切的需求。

可以说,智术师的教育,实际上是将伊奥尼亚关于宇宙论的思辨传统大众化,将其扩展到信仰、道德和法律等领域。由此引发了一场关于习俗与自然的著名争论,即传统的宗教信仰、道德和法律究竟是基于自然,还是基于不同的习俗?在各个城邦间周游讲学的智术师发现,宗教信仰、道德法律的规范,总是与民族、与城邦的特殊性相关联。正义与不义、美与丑,不是自然所定义的,而是由习俗所决定的,因习俗的不同而不同。它们纯粹起源于习俗,缺乏那种存在于自然之中的客观权威性,因此不具有普遍有效性。智术师运动,甚至使诸神的存在也陷入了不可知的境地。正如当时最著名的智术师普罗塔戈拉所说的:"关于神,我不能知道他们是否存在,也不知道他们像什么样子,因为有许多东西阻碍我们的认识,问题既晦涩,人生又复短促。"普罗塔戈拉的观点并非彻底的无神论,但这种不可知论的看法,对传统信仰而言无疑已是重大的打击。

智术师使希腊哲学研究转向人本身,并为青年的系统教育发挥了巨大的作用,然而,其学说同时潜伏着巨大的危险。智术师持有的相对主义观点,从根本上动摇了宗教、城邦和家庭现存的权威。库朗热认为,这些智术师拥有一种攻击古老传统的热情,他们以辩论术为手段,用一种所谓的正义来替代古代的一切习俗之法。这种辩论术不可避免地将人们的思想引向了自由之境界,同时也极大地冲击了城邦生活的神圣基石①。因此,在智术师启蒙的冲击之下,传统的诸神信仰面临着极大的困境。

柏拉图显然不赞成智术师对自然与习俗的这种对立划分。他相信,凡是习俗或传统道德所要求的活动实质上也是自然所要求做的事情。为了追求自然所规定的东西,也就是对人而言最好的东西,坚持传统的道德、法律和信仰是有益的。

那么,面对这样的信仰处境,柏拉图作了怎样的反思和回

---

① 库朗热:《古代城邦——古希腊罗马祭祀、权利和政制研究》,谭立铸等译,华东师范大学出版社,2006年,第329—335页。

◎ 第一章　从卢凯宫到国王门廊（2a1－3e6）

的同辈人,就像小孩跑去母亲那儿,跑到城邦那儿去告我。我看哪,在城邦老百姓中,他是唯一一个首先这么关心青年的人,[2d]想让青年变得尽可能好,如同好的农夫首先关心那些幼苗,然后再去关心其他的庄稼。据米利都自己说,他首先就要清除我们[3a]这些败坏幼苗的人,随后,显然他还会关心年长的人们,他要为城邦造最大最多的福哩。看来,他已经[a5]开始这么干了,想必也定有什么结果吧。

游　但愿如此,苏格拉底。就怕适得其反啊。依我看,他对你行不义,只是从赫斯提亚(ἑστίας)开始来伤害城邦。你告诉我,他告你败坏青年,他到底怎么说的?

苏　[3b]哎哟,我的朋友,这事咋听起来,确实叫人有些摸不着头脑。他说我是诸神的制造者,说我制造新的诸神,不信原先的神了。他正因为这个才向我提出公诉。

游　[b5]我明白了,苏格拉底。因为你每次都说有神灵(τὸ δαιμόνιον)昭示于你,所以,他提出了这个公诉,告你革新神道。他到法庭诬告你,以为用这类事情容易在民众那里得逞。真的,[3c]每次我在公民大会上讲诸神的事,向他们预言未来之事,他们就会嘲笑我,好像我疯了一样。事实上,我所预言的事情没有一件不是真的。然而,他们嫉妒所有我们这类人。不过,我们完全不必将此[c5]放在心上,一起肩并肩,跟他们对着干!

苏　亲爱的游叙弗伦,他们冷嘲热讽倒也没什么。确实,依我看呐,雅典人并不关心一个人机灵不机灵,只要他不传授自己的智慧。不过,一旦他们认为谁在这么做,让别人成为他那样，他就会大为恼火，要么就像你说的出于嫉妒，[3d]要么出于别的什么原因。

游　在这些事上，无论他们怎样对我，我才不在乎哩。

苏　[d5]大概是因为你很少表现自己，也不想把自己的智慧传给别人。而我哩，我担心，由于我心存仁善，他们就以为我要将我所有的都向每个人倾囊传授，不单不收取半点报酬，而且，只要有人愿意听，我都乐意倒贴。要是[d10]他们存心嘲笑我——就像[3e]你说的，他们也这样嘲笑你——在法庭上使劲地玩耍嘲笑我，倒也没什么好难过的。只怕一旦他们认了真，这结果是祸是福，恐怕只有你们这些预言家才知道啰。

游　没什么大不了的，苏格拉底。[e5]只要你愿意，你就能打赢这场官司。我想我也会打赢我的。

1. 从卢凯宫到国王门廊

苏格拉底与游叙弗伦在国王门廊相遇。游叙弗伦一见苏格拉底就大为惊诧，"哎，苏格拉底，什么风把你吹到这儿来了?"（《游》2a1）。希腊文用的是 τί νεώτερον（什么新鲜事），νεώτερον的词根含有"革新"、"革命"的意思。苏格拉底和游叙弗伦两人的事件恰恰与"革新"紧密相连。在雅典民众看来，苏格拉底"革新神道"，不信原先的城邦神，而信新的神。游叙弗伦要指控父亲杀人，并自认为是虔敬之举，这也是对尊敬父辈的伟大传统的革新①。可以说,革新问题贯穿对话始终。然而,倘若我们要谈论革新,首先必定有一个预设,即存在某种标准,远离或违背这一标准才被看作是革新。那么,关于虔敬这一主题是否存在这样一个标准,这也是柏拉图通过这篇对话希望向我们澄清的问题之一。

在游叙弗伦看来,苏格拉底出现在这里是意料不到的事。虽然,对大多数雅典人来说,成为原告和被告就像家常便饭一样,但苏格拉底则完全远离了政治生活及其相伴随的任何法律纠纷②。在《申辩》中,苏格拉底将自己说成是法庭的"陌生客","我活了七十岁,上法庭这还是头一次呢"(《申辩》17d2)。因此,我们可以推测,这或许也是苏格拉底第一次出现在国王门廊。

值得注意的是,游叙弗伦的言辞特意强调了从老窝"卢凯宫"到"国王门廊"。这并不是简单的场所切换,而是暗示着苏格拉底生存处境的重要转变。

"卢凯宫"(λύκειον)是苏格拉底作为哲人的属地。卢凯宫是献给阿波罗的,苏格拉底平时最喜欢在那里晃悠。《欧绪德谟》(271a1)的开场与《吕西斯》(203a1)的开场,都提到这个地方。苏格拉底哪怕一整晚会饮没得休息,一早也不忘去卢凯宫,而且与平常一样待上一整天,快到傍晚才回家歇着(《会饮》223d8)③。如此看来,苏格拉底似乎非常乐意待在阿波罗的神庙,在那里呆呆地神思,或者拉着别人闲谈,那是他

---

① Maureen A. Eckert, *In Pursuit of Piety: A Translation and Interpretation of Euthyphro*, The City University of New York, 2004, p. 44.
② Walter Burkert, *Greek Religion*, translated by John Raffan, Harvard University Press, 1985, p. 317.
③ 参见柏拉图等:《柏拉图的〈会饮〉》,刘小枫等译,华夏出版社,2003年,第119页。

作为哲人的属地和位置。细究起来,苏格拉底的命运与阿波罗之间似乎始终存在某种特殊的联系,尤其是德尔菲(Δελφοί)①这个阿波罗神庙所发出的神谕(《申辩》20d – 21b)②。按照苏格拉底自己的话来说,正是这个德尔菲神谕让苏格拉底引起雅典民众的不满(《申辩》21b)。或许,作为哲人的苏格拉底和这位代表着光明与理性的阿波罗神天生就有一种紧密的内在关联③。就在苏格拉底即将被"不公正地处决"④的前一天,阿波罗神似乎动了恻隐之心,"那船尾已经挂上了花环"(《斐多》58a)——因为雅典人要向阿波罗神献祭,献祭期间不得执行死刑,使得苏格拉底于判决之后在狱中又度过了很长时间才被处死(《斐多》58b – c)。

而"国王门廊"(βασίλειος στοά)作为一个专门处理宗教法律⑤事务的场所,并不是苏格拉底乐意来的,苏格拉底完全是被召唤来的。那么,苏格拉底究竟为何被迫离开他的属地,来到这个专门处理宗法事务的场所?或者说,苏格拉底为何不得不离开一贯的生活状态,陷入一场法律纠纷中?事实上,《游叙弗伦》的对话场景,柏拉图在《泰阿泰德》的结尾早有暗示。在那里,苏格拉

---

① Δελφοί是希腊Φωκίς境内的一座城市,位于Παρνασσός山脚下,该城有阿波罗神庙,因阿波罗所发神示而著称。αἱ δελφοί经常作阿波罗神示的代称。参见罗念生、水建馥编:《古希腊语汉语词典》,商务印书馆,2004年,第184页。
② 关于德尔菲神谕,柏拉图与色诺芬的描绘有所不同。柏拉图的《申辩》中说,"没有谁(比苏格拉底)更聪明"(《申辩》21a);而色诺芬的《申辩》则是另一番描绘:"没有比苏格拉底更自由、更正义、更能自制的人了"(参见色诺芬:《回忆苏格拉底》,吴永泉译,商务印书馆,1997年,第191页)。
③ 《会饮》220c – d 阿尔喀比亚德提到苏格拉底向太阳做祈祷。
④ 参见色诺芬的《申辩》28,见色诺芬:《回忆苏格拉底》,吴永泉译,第195页。
⑤ 这里的宗法特指古希腊时期的宗教与法律。由于在当时的城邦中,古代信仰与城邦的成文法之间关系非常紧密,比如一般的谋杀罪或不敬神的罪名,不仅违反了城邦的成文法,更是一种宗教意义上的犯罪。

底告诉我们,他马上要赶去国王门廊,有个叫米利都的人指控他(《泰阿泰德》210d)。而游叙弗伦为了指控父亲杀人,也跑来门廊这边。当时他刚办完预先的起诉①,从门廊那边出来,刚好碰上了苏格拉底,于是就有了《游叙弗伦》这番关于虔敬主题的对话。

这一开场的预设,显然不是任意的。对雅典人来说,国王门廊就是城邦传统权威的象征。首先,它是传统法律权威的象征。按泡赛尼亚斯(Pausanias)的说法,从克阿米库斯(Ceramicus)进入市场,右边第一栋房子就是国王门廊。著名的梭伦法令的三角板竖立于此,而雅典政治家、立法者德拉古关于谋杀罪的建立,亦来自国王门廊②。在雅典贵族制时期,出身贵族的德拉古,在公元前621年制定了雅典城邦有史以来第一部成文法,这部成文法不仅规定了什么人具有邦民权,还改变了政制的基础。它规定执政官不再由贵族议事会选拔,而是由城邦民选举产生。这次深具民主含义的政治改制③,无疑对后来的政制和立法产生了深远影响,包括对苏格拉底的指控及其审判。在《申辩》中,苏格拉底最终因雅典城邦民的投票表决而被处以死刑,莫不与德拉古立法及其所带来的民主进程紧密相关。其次,国王门廊也是传统宗教权威的象征。门廊的石柱上不但刻有梭伦、德拉古的法律条文,官方的宗教献祭的日历也一同刻在上面。官方文件最初以刻文的方式出现在国王门廊上,这展现了雅典法律

---

① 因为在对话的结尾,他突然想起还有急事要办,匆匆离去。我们可以推测,他已经办完案子,刚从门廊出来(《游》15e3)。
② John Burnet, *Plato's Euthyphro Apology of Socrates and Crito*, Oxford University Press, 1979, p. 83. 该书是希腊文笺注本,原文后面附有柏奈特的详细注释。
③ 参见刘小枫编修:《凯若斯——古希腊语文教程》,华东师范大学出版社,2005年,第331页。

与宗教生活的公共性,它使得法律和宗教的种种责任对所有城邦民来说都成为公共的并且是可行的①。正是在这样一个代表法律和宗教权威的重要场所,游叙弗伦和苏格拉底相遇,并在此探讨。这一对话地点的选择,或许也在一定程度上暗示了《游叙弗伦》所要探讨的"虔敬"问题,与希腊正统的法律和宗教权威之间具有某种内在张力。

从卢凯宫到国王门廊,苏格拉底由哲人的一贯生活状态,转而被推上了城邦的法庭,由此掀开了对传统虔敬观的反思,并为那场著名的苏格拉底审判拉开了序幕。

2. 王者执政官

柏拉图在《游叙弗伦》开场唯一一次提到国王门廊的主人"王者执政官"(τὸν βασιλέα)②,并且为其安排了一个恰当的位置。

王者执政官有深远的历史渊源。在雅典历史上,最初有一段时期的世袭君主制度,此时王者执掌一切大权。到伊翁时代,军事指挥权转交给专门的军事执政官。在世袭的王制结束后,又增设了一位"名年执政官",总揽一般行政权力。至此,王者执政官仅保留宗教职能③。之后,又增设六名司法执政官。执政

---

① Maureen A. Eckert, *In Pursuit of Piety: A Translation and Interpretation of Euthyphro*, p. 43.
② 有些中译本直接将τὸν βασιλέα(王者执政官)翻译成"法庭",忽略了其身份的重要意涵。
③ 亚里士多德:《雅典政制》,日知、力野译,商务印书馆,1999年,第1页。另参见约翰·索利:《雅典的民主》,王琼淑译,上海译文出版社,1999年,第3页。

官的任期也由原来的十年改为一年。执政官一般均从贵族中产生。由此,王者执政官、军事执政官、名年执政官以及后来的六位司法执政官,共同构成雅典城邦著名的"九官制"。这位王者执政官作为雅典九位执政官之一,最年长、最神圣、政治上的影响力却最小。他之所以被称为"王者执政官",是因为他在某种程度上仍然扮演着古代国王的角色,虽然他的权力已经远远不及以前。到雅典民主时期,这位王者执政官的职责在于负责诉讼的最初程序,包括听取所有证人的宣誓和证词,以及对原告、被告的传唤①,并确认指控罪状是否清楚,能否在法律上成立,然后决定是否将起诉提交陪审团进行审判②。他主要听讼不敬神的案子,有关谋杀的案子也会交给他。因为当时有一种普遍的看法,未得洁净或未得补偿的杀害会玷污整个共同体,并使诸神都不肯接受这个共同体的侍奉③。可见,随着雅典历史的发展进程,王者执政官的职责似乎越来越小,到民主时期,仅仅只负责宗教、祭司方面的事务。

王者执政官职责的历史转变,使得关于虔敬主题的探讨成为可能。在诸王时代,根本不存在正义与虔敬的划分,更不用说对两者关系的探讨了。到了雅典民主时期,这位主要负责宗教职能的王者执政官,才使宗教从政治中逐渐独立出来,并使两者之间形成一种张力④。可以说,关于敬神问题的探讨并非一开

---

① John Burnet, *Plato's Euthyphro Apology of Socrates and Crito*, p. 22.
② Thomas C. Brickhouse and Nicholas D. Smith, *Plato and the Trial of Socrates*, Routledge, 2004, p. 7.
③ 刘易斯:《〈游叙弗伦〉义疏》,见柏拉图:《游叙弗伦》,顾丽玲编译,华东师范大学出版社,2010年,第88页。
④ 同上。

始就成为问题,探讨的出现及其最终结果与当时的历史处境密切相关。尽管如此,柏拉图并没有让这位王者执政官真正出场。除了游叙弗伦在开头提到之后(《游》2a4),在接下来的对话中,王者执政官再也没有被提起。柏拉图为何作如此安排?

> 这位王者执政官是雅典正统的官方代表,对虔敬的考察不可能发生在他的火眼金睛之下。相反,这只能发生在他的背后。然而,虽然执政官没有参与对话,但他在某种意义上使对话得以可能。正是在他的地盘上,苏格拉底对游叙弗伦讲话会有所限制。也正因为对话发生的场景就在国王门廊,所以,执政官本人就成为一个大的政治处境的缩影,在这种处境中,《游叙弗伦》的主要论题出现了。[1]

同时,作为诉讼程序中最初的法律代言人,这位王者执政官没有出现在这番关于虔敬主题的谈话中,不仅是必要的,也是适宜的。法律以命令说话,不可能以探讨式的对话表达自身。它几乎很少给予理由,而且不允许对其依据有任何质疑。即使所谓的法学问题,也不过是为了确定法律所说的东西,而非探讨法律是否在真实地或者正确地说话[2]。

一个登台亮相的国王门廊,一个隐匿的王者执政官,一显一隐,共同烘托出虔敬之探讨的思想处境。

---

[1] 刘易斯:《〈游叙弗伦〉义疏》,见柏拉图:《游叙弗伦》,顾丽玲编译,第88页。
[2] 同上书,第89页。

3. 传唤抑或预审

由于苏格拉底当时已经受到指控,他现在来到国王门廊,究竟是来回应传唤,还是参加预审,研究者对此有不同意见。

根据当时雅典的法律程序,大部分官司需原告写一份起诉书,并亲自将被告带到相应的执政官或法官面前。为了让被告来到执政官面前,必须由原告亲自口头通知被告,此即所谓传唤①。我们可以想象,在《游叙弗伦》开场之前,米利都已经亲自去见了苏格拉底,因此苏格拉底还大概记得他长什么样,"长头发、小胡子、鹰钩鼻"(《游》2b11)。米利都去通知苏格拉底,告诉他王者执政官的传唤,并要求苏格拉底于某日去国王门廊。按照程序,米利都和苏格拉底应于某日一起上法庭,米利都将递交他的起诉书,并交纳一笔诉讼费,苏格拉底回应传唤,由王者执政官确定预审($\dot{\alpha}\nu\dot{\alpha}\kappa\rho\iota\sigma\iota\varsigma$)日期。在预审之前,法庭将在市场张贴一份有关这次诉讼的公告。在预审过程中,将宣布指控内容,而苏格拉底也必须提交一份正式的声明,表明他否认原告的指控。然后,辩护双方必须回答王者执政官提出的种种问题,以便澄清事实真相,并落实接下来的审判中所需的证据②。

苏格拉底与游叙弗伦的对话发生在国王门廊。从对话的开

---

① Thomas C. Brickhouse and Nicholas D. Smith, *Plato and the Trial of Socrates*, p. 7.
② Ibid., pp. 7 – 8.

头看,苏格拉底显然已经接到传唤。但苏格拉底这次来门廊究竟是为了回应传唤,抑或直接出席预审,这一点并不完全清楚。游叙弗伦对苏格拉底的出现表示吃惊。如果苏格拉底是来参加预审,那么有关他的指控应该早就公布了,游叙弗伦不可能对此一无所知。当然,这里还有一种可能,游叙弗伦"对神圣事物烂熟于心",但极为"轻视属人事物",甚至对属人事物几乎"一无所知"①。另一方面,从对话情形来看,苏格拉底当时对米利都还知之甚少(《游》2b7-11),同时也并不十分清楚米利都提出的指控具体指的是什么(《游》2c2-3a5,3b1-4,6a7-9),如果苏格拉底与米利都已经在王者执政官面前回应了传唤,那么,苏格拉底对这些应该会有更多的了解。而且,在与游叙弗伦的谈话中,他提出要做游叙弗伦的学生(《游》5a3-b8),目的是为了说服米利都不要将自己带上法庭(《游》5a9-b2)。如果那天是预审的日子,那时苏格拉底再想说服米利都撤回起诉已经太晚,因为预审之后一般都会将案子确定下来进行审判②。

因此,从苏格拉底对米利都及其指控的了解,以及他戏剧性的提议即想要成为游叙弗伦的学生,可以看出,苏格拉底来门廊这边不是参加预审,而是回应传唤,并确定预审的日期。同时,

---

① 施特劳斯:《论〈游叙弗伦〉》,见贺照田主编:《西方现代性的曲折与展开》,吉林人民出版社,2002 年,第 182 页。
② 按照惯例,只要双方符合法律程序,大部分的起诉都将进行正式审判。谁以一些轻佻言词或明显不当的指控来藐视法庭,而且未能赢得陪审团至少五分之一的选票,将被处以罚款。因此,即使王者执政官非常怀疑某一诉讼能否成立,通常他还是会将此诉讼呈上审判。预审结束,王者执政官确定审判的日期,并决定陪审团的人数规模。苏格拉底的审判中,共有 501 名陪审员,大部分是从志愿者中选出的。参见 Thomas C. Brickhouse and Nicholas D. Smith, *Plato and the Trial of Socrates*, pp. 8-9。

也正因为苏格拉底的官司处于这样一个戏剧性的阶段,才使得苏格拉底与游叙弗伦的对话成为可能,才使得关于虔敬的探讨具有意义,并由此凸显虔敬问题背后所包含的丰富内涵。

4. 惊诧与平静

游叙弗伦与苏格拉底相遇在国王门廊这样一个特殊的场所,两人的反应截然不同。

游叙弗伦见到苏格拉底的第一反应就是,"呃,苏格拉底,什么风把你吹这儿来了?"(《游》2a1)看来,就像前面所说,门廊绝对不是苏格拉底惯常所去的地方,这里也暗示了苏格拉底的道德特征[1]。还没等苏格拉底回答,游叙弗伦又急着表达他的疑问,"这会儿你怎么离开卢凯宫的老窝,上国王门廊这儿来消磨时间?"(《游》2a1-3)游叙弗伦知道卢凯宫是苏格拉底的老窝,看来他对苏格拉底的哲人式生活还是有所了解。不过,紧接着,他的第二反应是,苏格拉底来这里不过是"消磨时间"[2]而已。因为苏格拉底与大多数雅典人不同,他之前从来没有告过别人或遭到别人的指控[3]。但是,既然来到了这个专门处理宗教法

---

[1] Noel B. Reynolds, *Interpreting Plato's Euthyphro and Meno*, Charles E. Merrill, 1988, p. 33.
[2] 这里的"消磨时间",柏拉图用的是 διατριβας,这个词同时也可以指在教授哲学的学院或地方讨论哲学问题。结合后面的 ενθαδε νῦν(这里现在),表层意义即是消磨时间,不过未尝不能成为后面这番哲学讨论的暗示。
[3] Maureen A. Eckert, *In Pursuit of Piety: A Translation and Interpretation of Euthyphro*, p. 45.

律事务的场所,或许还是有什么法律纠纷。于是,游叙弗伦的第三反应就是,"该不会跟我一样,上王者执政官这边跟什么人打官司吧"(《游》2a3-4)?即使游叙弗伦想到了苏格拉底可能有什么法律纠纷,他最后的底线是,肯定是有什么人要告苏格拉底。在游叙弗伦心目中,苏格拉底是绝对不会去指控别人的,这在某种程度上进一步暗示了苏格拉底的道德特征。与之形成鲜明对比的是,当苏格拉底听说游叙弗伦作为原告要去指控别人的时候,并没有感到意外。关于人物特征的这种潜在对比一直贯穿整篇对话①。

　　游叙弗伦这三个连续的反应,由最初单纯的惊诧,一步一步退回到严肃的现实中。这是否同时亦意味着苏格拉底的生活也开始从纯粹的哲学式的探求被迫退回到严酷的现实——面临城邦的审判?在某种意义上说,《游叙弗伦》既是对苏格拉底指控的开始,也是苏格拉底自我辩护的开始。

　　与游叙弗伦的惊诧不同,苏格拉底的反应相对比较平静。面对游叙弗伦一连串的疑问,苏格拉底只作了非常简短的回答,似乎只是澄清了所有疑问中的一个概念问题,是 γραφήν(公诉),而非 δίκην(私诉)。这个看起来有点轻描淡写的概念澄清,其实已经间接回答了游叙弗伦的所有疑问。接着,游叙弗伦自然地认为苏格拉底是被告,"总不至于你要告什么人吧。"(《游》2b1-2)苏格拉底只答道,"当然不是。"(《游》2b3)于是,游叙弗伦就问,是否真有人要控告他,苏格拉底答道,"没错。"(《游》2b4,5)面对游叙弗伦的第二、第三个提问,苏格拉底的回答极其

---

① Noel B. Reynolds, *Interpreting Plato's Euthyphro and Meno*, p. 33.

简略。这三个极为简洁的回答,透露出了苏格拉底作为哲人一贯冷静从容的姿态。苏格拉底内心当然清楚自己所要面临的是一场怎样的审判,但他并不急于辩白,哪怕是面对游叙弗伦这种具有特殊身份(预言家)的人。另一方面,至少从对话的开头(《游》2a1-2b5)来看,这次谈话并非出于苏格拉底意愿。游叙弗伦主动上来搭讪,而苏格拉底往往短短几字就打发了。及至苏格拉底得知游叙弗伦要指控父亲杀人,并自以为是一种虔敬之举时,苏格拉底才开始主动与游叙弗伦探讨什么是虔敬(《游》4e)。苏格拉底这样做,或许就是要对游叙弗伦行义,给予这位预言家极为必要的治疗[①]。

游叙弗伦与苏格拉底的不同反应,反映出了两位人物基本的性格特征,也使得虔敬之探讨在他们之间形成一种张力。

5. 庇透斯的米利都及其指控

《游叙弗伦》对米利都及其指控的描绘,更完整地向我们展现了苏格拉底的指控者及其指控罪名。结合《申辩》的描绘,我们可以看到,柏拉图在《游叙弗伦》中已经针对指控者和指控罪名为苏格拉底作了预先的辩护。

在《申辩》中,苏格拉底提到有三个指控者[②],但在《游叙弗

---

① 刘易斯:《〈游叙弗伦〉义疏》,见柏拉图:《游叙弗伦》,顾丽玲编译,第86页。
② 米利都是苏格拉底的主要指控者,另请参见《申辩》23e和《泰阿泰德》210d。另外两位附带指控者分别是安奴托和吕孔(《申辩》23e3-24a1)。关于安奴托,同样出现在色诺芬的《申辩》(29-31),第195页。

伦》中唯独提到米利都,而且对米利都本人有非常详细的描绘。可以看出,苏格拉底或许只把米利都当作是真正的对手,或者至少是主要对手。苏格拉底对米利都的描绘及其反驳有以下三个要点。

第一,米利都跟苏格拉底并不熟悉,这使得其指控可能存在问题。当游叙弗伦问苏格拉底,什么人要告他?苏格拉底回答说,"其实我根本就不认识这人"(《游 2b7》)。那么,米利都肯定也不认识苏格拉底,至少非常不熟,但正是这样一个人对苏格拉底提出了指控,这就让人有些奇怪。虽然并非不可能,但至少让人怀疑这个指控者,包括他的指控及其证据。米利都对被告苏格拉底连起码的了解都没有,凭什么来指控苏格拉底?他手上所持的很可能只是些道听途说的证据而已。

第二,这位出身卑贱的米利都自己首先是一个"渎神者"。苏格拉底强调,米利都是个年轻人,也没什么名气,这里的"年轻"、"没名气"正好与"年长"、"有名望"相对,似乎已经暗示了米利都出身卑贱。接着,苏格拉底问游叙弗伦是否认识这个"庇透斯的米利都","长头发、小胡子、鹰钩鼻",这进一步暗示米利都出身卑贱。倘若一个人出身高贵,应该以父辈的姓来标示,完全没必要以外貌来加以形容①。有研究者甚至指出,柏拉图一般只有在描绘动物时才用ἐπίγρυπος("鹰钩鼻")这个词,这似乎是为了表明米利都是一个让人难以忍受、令人厌恶的家伙②。苏格拉底最后将其称作"庇透斯的米利都",不仅表明

---

① 刘易斯:《〈游叙弗伦〉义疏》,见柏拉图:《游叙弗伦》,顾丽玲编译,第 90 页。
② Otto Leggewie, *Euthyphron*, uebersetzt und herausgegeben von Otto Leggewie, Reclam, Stuttgart, 1986, p. 58.

◎ 第一章　从卢凯宫到国王门廊(2a1-3e6)

指控者出身卑贱,而且还指向了这种命名方式的始作俑者克莱斯坦尼①。克莱斯坦尼以一个人的所属行政区域而非以父姓来标示一个人,目的在于掩盖其平民的出身,提高身份。但是,一个以地方命名的人最初就是一个渎神的人,因为他缺乏一种与诸神相连的血统,所以也不允许靠近城邦的祭坛②。"庇透斯的米利都"成为民主制渎神的一个见证。由于克莱斯坦尼的改革,雅典成了一个平等的王国,丧失了她原来所宣称的神圣基石③。米利都指控苏格拉底不敬神,但"庇透斯的米利都"首先自己就是一个"渎神"者。这是一个奇妙的反讽。柏拉图用这种方式来称呼苏格拉底的指控者,事实上已经为苏格拉底做出某种辩护。

第三,苏格拉底表面上的极力赞赏与游叙弗伦的极度怀疑,使这位指控者米利都成为一个极其可笑的漫画人物。苏格拉底一开口就夸奖米利都:

> 他年纪轻轻,就知道这么重要的事情,真是厉害呐。据说,他不单知道青年是怎么被教坏的,还知道

---

① 克莱斯坦尼(Cleisthenes)是雅典民主制的真正创立者。他在行政和政治体制等方面作了重大改革。首先,他将雅典城邦分为三个大的区域,每个区域又划分成十个小区。文中所提到的庇透斯(Πιτθεύς)就是第一区域雅典邦区的十个小区之一。其次,设立民会作为国家的最高权力机关,每年召开数次。民会决定是否开战、是否缔结和约以及城邦最高执政官的选举等。同时,规定最高执政官任期一年,由民会选举产生。此外,开设五百人议会,规定三十岁以上的雅典城邦民有资格参加。议员的当选与否,与其出身、财产和才能完全无关。
② 由一个人的姓名而显示出的血统,原来与诸神紧密相关。从这一细节我们看到,在早期的部族或后来的城邦生活中,无论作为个人还是作为共同体,都有一个非常稳靠的神圣基石。另参见刘易斯:《〈游叙弗伦〉义疏》,见柏拉图:《游叙弗伦》,顾丽玲编译,第90页。
③ 同上书,第91页。

是谁教坏的。他好像很有智慧的样子,看到我愚笨无知,教坏了他的同辈人,就像小孩跑去母亲那儿,跑到城邦那儿去告我。我看哪,在城邦老百姓中,他是唯一一个首先这么关心青年的人,想让青年变得尽可能好,如同好的农夫首先关心那些幼苗,然后再去关心其他的庄稼。据米利都自己说,他首先就要清除我们这些败坏幼苗的人,随后,显然他还会关心年长的人们,他要为城邦造最大最多的福祉。(《游》2c2 – 3a4)。

倘若我们对照《申辩》,就会明白苏格拉底对米利都的赞赏并非出自真心。在这里,苏格拉底将米利都比作好的农夫,关心青年就像关心那些幼苗一样。米利都的名字 Μέλητον 源于 Μελητάω(关心、钻研),这一点亦极具反讽意味。在《申辩》中,苏格拉底在说到米利都时也多次提到这个词根。苏格拉底似乎表明,米利都的动机中刚好缺乏了"照料"和"钻研"。这两者在培养年轻人方面恰恰是最重要的态度[1]。苏格拉底对教育年轻人这件事情的赞赏应该出于真诚,即首先教授年轻人以美德,尽可能地使他们变得更好,以此来改善城邦。但苏格拉底对米利都的动机和前景并不看好[2]。

其次,培育幼苗是一门特殊的技艺,好的农夫首先要了解幼苗的特性和生长规律,等等。这里涉及教育者的资格问题,究竟

---

[1] Maureen A. Eckert, *In Pursuit of Piety: A Translation and Interpretation of Euthyphro*, p. 48.
[2] Noel B. Reynolds, *Interpreting Plato's Euthyphro and Meno*, p. 34.

谁可以成为真正合格的教育者?① 苏格拉底提出,就像驯养马匹一样,只有少数几个了解马的天性的驯马师能把它们训练好(《申辩》25b1-3)。但是,苏格拉底在《申辩》中指出,米利都事实上并不了解青年的天性,也根本谈不上关心青年的成长了(《申辩》24c9-25c4)。在这里,苏格拉底说米利都要为城邦造最大最多的福。而在《申辩》中,苏格拉底认为,米利都指控他,只是杀害了一只牛虻——叮在城邦之马上的益虻(《申辩》30e)。因此,"为城邦造最大最多的福",与其说是在夸奖米利都,还不如说是苏格拉底一生的写照。苏格拉底一直致力于帮助青年,将几乎整个一生都用于探究美德的本质以及如何教育青年上。

根据阿里斯多芬的描绘,智术师长期以来以教育年轻人为职业。智术师是专业的老师,收取学费,教授学生诡辩术和辩论术,以使这些雅典的青年走向成功的政治生涯。原先那种通过家教方式进行的传统教育跟智术师的这种教育无法相比。不过,老一辈的雅典人仍然认为传统的教育方式是一种更好的教育青年的方式,并将青年道德水平的衰微归结为这些智术师的影响。苏格拉底在《申辩》中表明,他经常被误认为是一名智术师(和自然哲学家)。在《游叙弗伦》中,苏格拉底同样想要澄清自己与智术师之间的差别。在他看来,自己对青年的教育,与智术师单纯以赢得辩论为目的的技术性教育有着本质的不同。智术师对传统的习俗,无疑是一种破坏的力量。他们怀疑一切,摧

---

① 在《普罗塔戈拉》313c6-314a1,苏格拉底就质疑过智术师作为教育者的品性。这些智术师并不知道他们所贩卖的精神食粮哪些有益于心灵,哪些是有害的。而只有那些专家(医治心灵的医生)才知道这些。教育问题可以说是柏拉图最为关注的主题之一。

毁一切,而不会进一步关心城邦的稳定生活真正需要什么。苏格拉底的助产术,表面上也是对某个问题刨根问底,但他的目的并不是去摧毁习俗,而是希望它能在更稳靠的基础上重新建立起来。这其实代表了苏格拉底对确定性和真理性的关照。因此,苏格拉底将传授美德作为教育追求的目标。在《申辩》中,苏格拉底将考察美德、提高城邦民的灵魂,作为自己的教育目标。这与城邦中当时所流行的智术师的教育方式有很大的不同。然而,雅典人更多的是看到苏格拉底与智术师在形式上的相似,米利都就已经将他们混为一谈。

　　游叙弗伦虽然并不清楚苏格拉底这样的人对城邦意味着什么,也不清楚米利都的这一指控究竟对城邦会造成怎样的伤害,但是从他口中,首先道出了真相:"就怕适得其反啊。依我看,他对你行不义(ἀδικεῖν),只是从赫斯提亚(ἑστίας)①开始来伤害城邦。"(《游》3a6-8)后来,苏格拉底在公开申辩中自己直接表明了这一点(《申辩》30c6-31c1)。在这里,游叙弗伦道出的真相或许远远超过他自觉意识到的。游叙弗伦将米利都对苏格拉底的指控等同于对赫斯提亚城邦保护神的攻击,或者说是对"真正的城邦之父"的攻击②。这暗示了,米利都这么做的话,不仅是在冒犯苏格拉底,而且也是在对城邦行不义。柏拉图在这里

---

① 赫斯提亚是善良的人类保护神,为人类提供安全的住所,主要掌管整个家庭生活的中心即炉火。家火是家庭崇拜的主祭坛,那里挂有家庭保护神赫斯提亚的画像。根据古老的习俗,一家之长在举行一切重要的家庭事务时都要以祭司的身份给赫斯提亚献上祭品。同时,赫斯提亚也是各个城邦的保护神。各城邦的执政所在地都有供奉赫斯提亚的祭坛,保持着永不熄灭的圣火。参奥托·泽曼:《希腊罗马神话》,周惠译,上海人民出版社,2005年,第74—78页。另请参见《克拉底鲁》401b1-401d7。
② Noel B. Reynolds, *Interpreting Plato's Euthyphro and Meno*, p. 34.

使用的动词ἀδικεῖν,即来自δική(正义)的否定形式。苏格拉底与游叙弗伦在这里的两段话,给出了这样一幅图景,苏格拉底倒更像是一位"真正的城邦之父"或者是一位"神圣的城邦之父",他能在共同体生活的抉择方面给予城邦正确的方向和引领。米利都与其他政治家不仅没有跑到这位"父亲"那里去聆听教诲,反而因为苏格拉底向别人教授美德而恼羞成怒。于是,他们像小孩跑到母亲那里一样,跑到城邦那里去指控苏格拉底。这种意象就像小孩跑到母亲那里去抗议父亲,即使他知道父亲是正确的,但仍然不愿接受他的教诲①。

苏格拉底谈到这位指控自己的米利都,不仅没有加以声讨,反而大加赞赏。或许苏格拉底在这里根本不想针对米利都,反倒有可能是针对游叙弗伦。游叙弗伦自命不凡(《游》3c1－6,3d4),自以为是诸神事宜方面的专家,知道什么是虔敬(《游》4b3,4c1－5a2),正打算指控自己的父亲(4a6),他根本没想到自己的这种行为背后所隐藏的危害②。游叙弗伦应该听得出苏格拉底并非真的赞赏米利都,但或许听不出苏格拉底的弦外之音针对的其实正是他自己游叙弗伦的自以为是。

游叙弗伦问的是"告你什么"? 苏格拉底最直接的回答应该是"不敬神"③。但苏格拉底几乎没有正面提起自己的官司。从对话一开始,苏格拉底似乎就不愿向游叙弗伦透露太多有关自

---

① Noel B. Reynolds, *Interpreting Plato's Euthyphro and Meno*, pp. 34－35.
② 施特劳斯:《论〈游叙弗伦〉》,见贺照田主编:《西方现代性的曲折与展开》,吉林人民出版社,2002年,第192页。
③ 同样以"不敬神"的名义被起诉的著名人物还有戏剧家埃斯库罗斯,自然哲学家阿那克萨戈拉,智术师普罗塔戈拉和苏格拉底的学生、著名将军阿尔克比亚德。参见 Noel B. Reynolds, *Interpreting Plato's Euthyphro and Meno*, p. 27.

己官司的细节。

　　游叙弗伦对苏格拉底的官司显然很有兴趣,继续问道:"他告你败坏青年,他到底怎么说的?"苏格拉底继续装样子:"这事咋听起来,确实叫人有些摸不着头脑",然后才道明米利都的指控,告他制造新神,不信旧神①。《申辩》对此的表述与《游叙弗伦》不仅顺序上有所差异,而且,具体内容亦有所不同:《申辩》是说不信城邦神(θεοὺς οὓς ἡ πόλις νομίζει ου νομίζοντα),信新的神灵(δαιμόνια καινά)。而《游叙弗伦》则说是制造(ποιοῦντα)新的诸神(καινοὺς θεοὺς),不信原先的神(τοὺς δ᾽ ἀρχαίους οὐ νομίζοντα)。这里至少有三处不同:第一,在《申辩》中说不信城邦神,而《游叙弗伦》中说的是,不信τοὺς δ᾽ ἀρχαίους(原先的神)。这或许只是表述方式上的不同,实质上应该是同一个东西,但在不经意间将传统的时间维度呈现了出来。另外两处的差异,可以说是本质性的。第二,《申辩》只用了信(νομίζοντα)与不信,《游叙弗伦》则用了"制造"(ποιοῦντα)这个词②。可能的原因是,两次的对话者不同。在《申辩》中面对的是民众,在大多数人面前只能说信与不信。在这里面对的是游叙弗伦这样一个特殊的个体,苏格拉底用"制造",事实上是说明了指控的实质,就在于制造新神。雷诺德将

---

① 第欧根尼·拉尔修对苏格拉底指控罪名的描述是:不信城邦神,引入新神,败坏青年。色诺芬在《回忆苏格拉底》中对此的描绘与第欧根尼几乎完全一样。参见第欧根尼·拉尔修:《明哲言行录》,马永翔译,吉林人民出版社,2003年,第107—108页。色诺芬:《回忆苏格拉底》,吴永泉译,第1页。
② ποιέο意为做、制造,举行,创作,作(诗)等,含有无中生有的意思,如诗人的创作即是。诗人就是ποιητής(又意为制造者),ὁ ποιητής特指荷马。柏拉图在这里用ποιοῦντα(制造),暗指诗人(ποιητής)(甚至荷马)才是真正的制造者。

苏格拉底的新神理解为苏格拉底刨根问底所追问的那些抽象的实体,诸如美德和善。苏格拉底似乎把这些抽象之物当作新神。柏拉图笔下的苏格拉底,将这些新的神推荐给雅典人,在引领人们的正确行为方面,比荷马诸神更胜一筹①。第三,《申辩》用新的神灵(δαιμόνια καινά),《游》用新的诸神(καινοὺς θεούς)。游叙弗伦马上对此做出回应:肯定是苏格拉底每次都说有神灵昭示于他(《申辩》31d2-6),所以米利都才告他制造新神。在苏格拉底后来的公开申辩中(《申辩》31c7-d6,40a4-c2),证实了游叙弗伦的这一猜测。

苏格拉底所谓的神灵,在《申辩》中描绘得更为详细(《申辩》31c-d,40b)。这种声音会出现并阻止苏格拉底去做一些错误的事情,不过,根据柏拉图的描绘,它从来没有告诉苏格拉底去做些什么。对这样一种声音,现代读者会感到陌生,但它本身并不能构成不敬神的充足证据。比如,德尔菲的皮提亚就被认为能听到阿波罗的声音,并能与之交谈。那些参加狄俄尼索斯酒神节狂欢的女人们或崇拜者,也能体验那些超越的狂喜状态。这里所谓的狂喜就是置自己于身体之外。据说,当一个人在自己的身体之外时,狄俄尼索斯神就能进入这个身体②。苏格拉底在《申辩》中曾指出,米利都正因为这个神灵而提出对苏格拉底不敬神的指控,但游叙弗伦认为,米利都之所以告苏格拉底不敬神,是因为苏格拉底每次都说有神灵昭示于他,但并不能以此说苏格拉底不敬神。这样一来,苏格拉底究竟因什么而被认为

---

① 参见 Noel B. Reynolds, *Interpreting Plato's Euthyphro and Meno*, p. 36。
② 参见 Maureen A. Eckert, *In Pursuit of Piety: A Translation and Interpretation of Euthyphro*, p. 50。

不敬神,依然没有搞清。

话说回来,米利都对苏格拉底的指控,表明苏格拉底对诸神的本质可能有些不同看法。如果苏格拉底的诸神观念真的与城邦传统的诸神观念有实质性不同的话,那么他所面临的不敬神的指控就是情有可原的。然而,假如最终表明城邦传统的宗教观念对虔敬与不虔敬缺乏明确的认识,那么,就不可能有不敬神的指控。从这个角度来说,对虔敬的探讨显得尤为重要,我们可以据此判断苏格拉底是否犯有不敬神之罪①。因此,就苏格拉底和游叙弗伦当时的处境而言,对虔敬下定义,不仅是一种理论的探寻,更关涉当下实际面临的问题。

这样一来,柏拉图在《游叙弗伦》中就已经对指控者米利都作了一番层层推进的反驳。这位庇透斯的米利都,不仅没有确凿的根据来指控苏格拉底,而且自己首先是个没有名望的"渎神者"。当然,在这一过程中,指控所指向的根本问题也逐渐浮现出来,对"虔敬"之定义的探讨成为苏格拉底自我申辩的核心内容之一。

6. 游叙弗伦替苏格拉底辩护

当游叙弗伦听说苏格拉底因为诸神事宜而受控告,作为一位诸神事宜方面的专家,他马上本能地与苏格拉底站在一起,为

---

① Maureen A. Eckert, *In Pursuit of Piety: A Translation and Interpretation of Euthyphro*, p. 49.

苏格拉底作了某种程度的辩护。

游叙弗伦自己就是位预言家,诸神事宜方面的专家。在这方面,他认为与苏格拉底是同一条船上的人,他们离神最近。与民众相比,他们拥有一种特殊的优越性,以至于很容易遭到民众的嫉妒(《游》3c4)。游叙弗伦首先点出了米利都指控苏格拉底制造新神的根本原因在于,苏格拉底说每次都有神灵昭示于他。但是游叙弗伦没有用"制造"(ποιέο)这个词,而是说苏格拉底"革新"(καινοτομοῦντός)神道。游叙弗伦站在同行人的立场,认为苏格拉底所说的神灵,并非制造新神,不过是重新理解神道。

苏格拉底的神灵与古老的诗人传统并不一致[1]。诗人的创作并非来自知识,而是凭借一种与生俱来的天赋,就像神所赐予的东西(《申辩》22b-c)。诸神的力量进入诗人之中时,就赶跑了诗人的理智。他会说出很多尊贵而真实的事情,虽然他并不知道他在说什么。因此,在这个状态中,他没有知识。然而,对苏格拉底来说,神灵的启示也需要自身理性的参与才能得到真正的理解,在无条件的批判理性与无条件地接受神灵的启示之间没有矛盾[2]。只有通过他自身的批判理性,苏格拉底才能确定这些神示的真正意义。正如他听到德尔菲神谕,然后要用自己的理性去搞清神谕到底是什么意思(《申辩》28e)。"我猜测,

---

[1] 在《斐多》60e-61b中,有个梦曾敦促和命令苏格拉底去做音乐,他推测那意味着他应该从事哲学,因为哲学是最高的音乐。对苏格拉底而言,梦就是神的启示。当然,其中已经蕴含着对梦进行理性阐释的必要性。参见 Gregory Vlastos, *Socrates: Ironist and Moral Philosopher*, Cambridge University Press, 1991, p.167。

[2] Gregory Vlastos, *Socrates: Ironist and Moral Philosopher*, p.171.

神命令我去从事哲学,考察自己和其他人。"苏格拉底将这一神谕的验证和理解视为自己的哲学使命,在这个过程中,也就完成了对神谕的尊崇。

对苏格拉底来说,神是善的代表。在《申辩》中,苏格拉底曾说:"可以肯定的是,神不会说谎,这对他来说是不对的。"(《申辩》21b)然而,城邦所信仰的诸神却没有这方面的禁忌。从荷马开始,诸神就说谎。为何苏格拉底的神要与之不同?说谎就是对人为恶,苏格拉底的神不能为恶。神的善是由其自身的智慧所确保的。由于其智慧是无限的,那么其善也必定是无限的。他的善的意志指向雅典民众,并不比指向苏格拉底要少。他必定希望他们能提升他们的灵魂,超过其他他们所关心的东西①。这里就涉及了苏格拉底对诗人神学的批判问题②。

游叙弗伦当然无法完全理解他所声称的苏格拉底的"革新"真正意味着什么,但对于这位诸神事宜的专家而言,可以肯定的是,苏格拉底的革新必定是专家意见,因此他人的不理解完全是正常的。游叙弗伦将苏格拉底引为同调,趁机向他的"同行"抱怨了一番自己的处境:每次他在公民大会上讲诸神的事,向他们预告未来之事,大家都会嘲笑他,好像他疯了一般。雅典人为何会嘲笑游叙弗伦?事实上,雅典人不仅对苏格拉底的神灵习以为常,而且对预言家的预言活动同样非常熟悉。比如后面提到的解经师,雅典人在碰到一些疑难问题时都会去征求解经师的意见,按照他的建议行事。不过,游叙弗伦说,事实上,他所预

---

① Gregory Vlastos, *Socrates: Ironist and Moral Philosopher*, p. 173.
② 关于这一问题的详细探讨,请参见本书附录《柏拉图的虔敬神学》一文。

第一章 从卢凯宫到国王门廊（2a1—3e6）

言的事情没有一件不是真的,因此,大家嫉妒他们这类人(《游》3b9-c4)。游叙弗伦在普通人面前有一种天生的优越感,根本不把他们放在眼里——"我们完全不必将此放在心上",他用了"我们"(ἡμῖν)一词,希望苏格拉底也能跟他站在一起。游叙弗伦希望苏格拉底与他同仇敌忾,跟大多数人对着干!天性的优越乃平常之事,苏格拉底当然清楚这一点。但在共同体生活中,游叙弗伦这样一种基于优越天性之上的姿态或许有害。苏格拉底后来愿意留下来继续与游叙弗伦交谈,恐怕这也是原因之一。不过,当时苏格拉底并没有直接点出游叙弗伦这种要不得的姿态。

苏格拉底不会在乎那些冷嘲热讽,而是试图找出雅典民众对其不满的真正原因。苏格拉底将其归结为:他们认为他在热心地传授智慧。有智慧的苏格拉底,只要他不向别人传授他的智慧,便可与老百姓相安无事。我们暂且不去管苏格拉底平时与别人探究问题的方式是否就是传授智慧,这里出现了一个更为根本的问题。一位有智慧的人,他如何在城邦中生活?如何审慎地隐藏自己的智慧,并在恰当的程度上运用自己的智慧?分寸失当,就可能惹火上身(《游》3d1)。当然,其原因恐怕不仅仅是出于嫉妒那么简单,所以,苏格拉底对游叙弗伦的猜测作了补充,"要么出于别的什么原因"[①]。苏格拉底似乎话中有话。

游叙弗伦依然坚定不移,无论百姓如何对他,他根本不在乎

[①] 艾克特认为,雅典人将苏格拉底与智术师混为一谈,由于智术师在提升青年聪明程度的同时并没有关心其道德成长,所以雅典人对智术师怀有一种怨恨之心。因此,苏格拉底暗示,雅典人对他大为恼火的原因并不出于嫉妒,而是出于这里所说的"别的什么原因"。参见 Maureen A. Eckert, *In Pursuit of Piety: A Translation and Interpretation of Euthyphro*, p.52。

(《游》3d3-4)。

苏格拉底还在琢磨自己为何惹得老百姓一肚子火。如何把握自己的智慧成为一个问题。诀窍似乎在于：得"很少表现自己"(的智慧)，也别想把自己的智慧传给别人。苏格拉底把游叙弗伦说成这样的人，不仅有智慧，而且能恰当地把握智慧。但事实上，从游叙弗伦自己的谈吐中看得出，游叙弗伦总是想刻意地表现自己。于是，如同对米利都的称赞，苏格拉底对游叙弗伦的夸奖，同样不是出于真心。

苏格拉底是否心存仁善，我们很难知晓[①]。但他或许并不想向别人传授智慧。原因有二：一则如苏格拉底自己所言，他并无什么智慧。德尔菲神谕所说，没有什么人比苏格拉底更有智慧，实质不过是苏格拉底自知自己无知，而别人以不知为知(《申辩》21a1-23)。倘若正如苏格拉底所言，他并无智慧，那么，当然就谈不上传授智慧了。二则倘若苏格拉底身上确有某种特殊的智慧(《申辩》20d6-20e8)，他不会随便传授，更不用说向"所有的人传授"了。而且也不存在这种情况，即只要有人愿意听，他都乐意倒贴。

苏格拉底说，别人认为他要传授智慧，而且不收半点报酬，甚至愿意倒贴。让人困惑的是，苏格拉底在《申辩》中说法不同：他们告他，是因为苏格拉底要教导别人，并收取报酬(《申辩》19d8-10,31c1-3)。我们从苏格拉底的公开申辩可得知，苏格

[①] 亦有人对苏格拉底的这种探询方式提出过疑义，如沃拉斯托斯。他认为，苏格拉底的失败背后隐含着一种爱的失败。苏格拉底虽然关心人的灵魂，但这种关心却是有限的，而且是有条件的。也就是说，如果要拯救一个人的灵魂，就必须按照他的方式而得到拯救。参见沃拉斯托斯：《苏格拉底的悖论》，顾丽玲译，载《经典与解释》第八期，华夏出版社，2005年，第146页。

拉底从未向任何人收取报酬。因为原告根本找不到一个证人来证明这一点。苏格拉底一生贫苦的生活倒为苏格拉底作了无声的辩护(《申辩》31c2－3)。那么，苏格拉底在这里提到"收取报酬"，似乎另有所指①。色诺芬在这一点上，也为苏格拉底作了进一步的证明，苏格拉底面对那些渴望听他讲学的人，也没有索取过金钱方面的报酬。苏格拉底认为，不收取报酬，是因为考虑到自己的自由，他乐意教谁就教谁。而那些为讲学而索取报酬的人，就迫使自己做奴隶，因为他们不得不和那些给予他报酬的人讨论，哪怕他本人并不乐意教这样的学生②。而且让苏格拉底感到惊讶的是，任何自称教导德行的人竟会索取金钱为报酬。他说，难道那些人不认为获得一个朋友这件事本身就已经是最大的利益③。如今在游叙弗伦面前，苏格拉底在《申辩》中为何不说原告指控他收取报酬呢？苏格拉底在这里是不是想要表明，在人们心目中，他急于向别人传授智慧？正是这种热情，将苏格拉底送上了法庭？

　　苏格拉底内心清楚，民众嘲笑他与嘲笑游叙弗伦不同。倘若一样的话，苏格拉底确实没什么好难过的。嘲笑过后，大家仍然可以相安无事。怕就怕雅典民众是认真的。事实证明确实如此，米利都要将苏格拉底带上法庭。

　　苏格拉底应该意识到处境的严峻。他说，其结果如何，只有你们这些预言家才知道。这话不过是对游叙弗伦的恭维。但游

---

① 在《申辩》19e3－4，苏格拉底提到当时雅典的三位著名的智术师，高吉阿斯(Γοργίας，即高尔吉亚)、普狄科斯(Πρόδικος)以及希匹阿斯(Ἱππίας)。苏格拉底讽刺这些智术师招收门徒，并收取报酬。
② 色诺芬：《回忆苏格拉底》，吴永泉译，第7页。
③ 同上书，第7—8页。

叙弗伦的回答却意味深长。首先,他说,没什么大不了的。事实上,苏格拉底的审判及其处决,成了"苏格拉底事件"。这正好反驳了游叙弗伦前面所说的话,他说他所预言的没有一件不是真的(《游》3c2-3)。然而,对苏格拉底来说,似乎真的"没什么大不了的"。其次,游叙弗伦简直就在担保,只要苏格拉底愿意,他就一定能打赢这场官司。从某种程度可以说,游叙弗伦说对了一半,苏格拉底本来是可以打赢官司的,可惜他没有一心一意地为自己辩护①。但是,苏格拉底宁愿做这种辩护而死,也不愿做另外一种辩护而生(《申辩》38e5-39a1)。苏格拉底最终被判死刑,游叙弗伦的预言又一次失验。不过,从根本上也可以说,苏格拉底最终赢得了这场官司,他在这场官司中赢得的是历史的正义。

游叙弗伦说他也会打赢自己的官司,这是一个预言家的自负。于是,话题转入游叙弗伦对父亲的指控(《游》3e7-4e3)。

7. 游叙弗伦的身份

其实,游叙弗伦这一对话角色的设定,是颇有意味的。他的身份和名字,在某种程度上就已经定下了苏格拉底对其行为的

---

① 对此,可参见柏拉图《申辩》38d2-39a1和色诺芬的《申辩》2-4。后者这样描绘,海尔莫盖尼斯提到,苏格拉底当时什么事都讲到了,唯独没有提到自己将要受审这件事。他问:"苏格拉底,难道不需要为自己的申辩考虑一下吗?"对此,苏格拉底首先的答复是:"难道你不认为我一辈子都是在申辩着吗?"的确,苏格拉底的自我辩护不仅在言说上,亦在他一生所有的实践行动中。这一点,在色诺芬的笔下,尤为明显。参见色诺芬:《回忆苏格拉底》,吴永泉译,第189页。

◎ 第一章　从卢凯宫到国王门廊(2a1 – 3e6)

基本判断。澄清这一点,对理解《游叙弗伦》整篇对话至关重要。

　　游叙弗伦的"身份问题",用苏格拉底的话来说是"预言家"。"只怕一旦他们认了真,这结果是祸是福,恐怕只有你们这些预言家(ὑμῖν τοῖς μάντεσιν)才知道啰。"(《游叙弗伦》3e3 – 4)这是文本中唯一一次提到游叙弗伦的身份。柏拉图这里所用的μάντεσιν(复数)源于μάντις,包含两层意思,"说神示的人"或"能预见未来的人"。据雷诺德的考证,在远古的时候,μάντις指的是能解释诸神意志的人,他们不仅自己常常预言一些事情,还收集并学习以往流传的预言。但随着历史的发展,μάντις逐渐失去了人们的信任。一方面因为他们对专业知识过度自负,另一方面因为他们的"预言"后来往往被证明是错误的。慢慢地,他们被大多数的雅典人看成是"江湖郎中",甚至成为喜剧嘲笑的对象[①]。从文本语境来看,柏拉图用μάντις指称游叙弗伦,指的就是这样一种预言家。游叙弗伦自己也是这样声称的,"每次我在公民大会上讲诸神的事,向他们预言未来之事,他们就会嘲笑我,好像我疯了一样。事实上,我所预言的事没有一件不是真的"(《游》3c1 – 4)。此外,柏拉图在《克拉底鲁》(396d – 397a)中也提到过游叙弗伦。当时苏格拉底在向赫谟根尼(Hermogenes)解释诸神名称的恰当意义时,提到有一位预言家"游叙弗伦",曾经给他一次特殊的经历。游叙弗伦当时肯定是神灵附体,他向苏格拉底倾吐智慧[②]。有研究者指出,根据对话中的具体描绘,可知这位游叙弗伦就是本篇对话中苏格拉底的

[①] 参见 Noel B. Reynolds, *Interpreting Plato's Euthyphro and Meno*, p. 32。
[②] 参见 Maureen A. Eckert, *In Pursuit of Piety: A Translation and Interpretation of Euthyphro*, pp. 151 – 152。

对话者①。需注意区分的是,在这里,柏拉图用了 μάντις(预言家),而非后面游叙弗伦的父亲派人去雅典请教的 ἐξηγητής(解经师)②。事实上,柏拉图为这篇对话安排了一位具有反讽意义的角色。因为当时预言家在民众心目中已没什么好名声,往往是民众嘲笑的对象。而预言家却仍然以自己"非凡的能力"表现出极为自负的性格特征。根据雷诺德的看法,许多人类社会都有这样一种类型的宗教预言家,他们宣称具有某种关于未来的知识,某种关于超自然的世界及其居民的知识。这种特殊的知识暗示着更进一步的断言,即他们最适合管理城邦并教授城邦民以知识。哲学对此提出了挑战。他们怀疑这些宗教家是否仅仅只是自封的③。

此外,"游叙弗伦"这个名字本身也进一步暗示了这个人物的性格特征。Εὐθύφρων,即"游叙弗伦",在希腊语中意为"真诚、直率、全心全意"及"直线思维者"④。对话显示,游叙弗伦的思维就是"直言不讳"、"笔直的",这或许就是柏拉图反讽的一部分。但"直言不讳"并非就是"真诚"。虽然游叙弗伦急人所急,将苏格拉底看作是一条船上的人,还积极替苏格拉底做辩护(《游》3a6-7,3c4-6)。但整篇对话充斥着大量的细节和文学性暗示,表明游叙弗伦极为自负,自以为是,尤其是要将父亲告

---

① 参见 Debra Nails, *The People of Plato*, Hackett, 2002, p.152。
② "解经师",指宗教法则的解释者、引领者,亦指解释神示或预兆的人。在公元前4、5世纪时解经师发展成为一种行政官员。他们通常由城邦各个地区的人提名,最后由德尔菲神选出,其职责主要就在于解释神圣的祖先之法,尤其是由谋杀案所引发的净化惯例。参见 Noel B. Reynolds, *Interpreting Plato's Euthyphro and Meno*, p.39。另参见《法篇》第六卷 759d,《王制》427c3。
③ 参见 Noel B. Reynolds, *Interpreting Plato's Euthyphro and Meno*, p.27。
④ 罗念生、水建馥编:《古希腊语汉语词典》,商务印书馆,2004年,第341页。

◎ 第一章 从卢凯宫到国王门廊(2a1—3e6)

上法庭。

我们在这里之所以要澄清游叙弗伦的身份,主要是基于两点考虑。其一,由于对话探讨的主题是虔敬,关乎诸神事宜,那么,作为预言家,即"诸神事宜的专家"的游叙弗伦成为苏格拉底的对话者是最合适的。只不过柏拉图将其描绘成一位具有反讽意义的对话者。其二,倘若我们将柏拉图的对话看作是对具有特定天性的年轻人的教导①,那么,游叙弗伦的自负天性也使得他成为这一对话最适宜的参与者。苏格拉底的目的就是要"关照年轻人的灵魂","治疗游叙弗伦不受控制的意气,从而防止他做出对其父亲的不义行为"②。正如雷诺德所说,读者最好将柏拉图的对话理解为探讨哲学问题的戏剧作品。我们需要关注的并非人物和事件的真实性,而是将人物及其关系看作是柏拉图创作的某种理想类型,借此来探讨一些重要的哲学问题③。因此,正是通过这位自负的预言家游叙弗伦,柏拉图向我们展现了传统虔敬观的整体图景及苏格拉底的基本态度。

柏拉图用以描绘苏格拉底的最后时日的四篇主要对话④,根据对话发生的情景,《游叙弗伦》一般被置于首位。在《游叙弗

---

① 参见刘易斯:《〈游叙弗伦〉义疏》,见柏拉图:《游叙弗伦》,顾丽玲编译,第84页。
② 参见海门威:《对苏格拉底的哲学审判》,见刘小枫、陈少明主编:《苏格拉底问题》,华夏出版社,2005年,第291页。
③ 参见 Noel B. Reynolds, *Interpreting Plato's Euthyphro and Meno*, p.10。
④ 关于苏格拉底最后时日的四篇对话,《游叙弗伦》描绘苏格拉底刚遭到指控,去国王门廊回应传唤。《申辩》是苏格拉底在公开审判中的自我辩护。《克里同》描绘苏格拉底的朋友试图说服狱中的苏格拉底逃跑。《斐多》是苏格拉底在临刑前与一些朋友讨论灵魂问题的对话。

伦》的开头部分,不仅点明了苏格拉底生存处境的转变,而且呈现了虔敬探讨的思想背景。同时,通过游叙弗伦与苏格拉底对米利都的描绘,柏拉图针对指控者及其指控罪名为苏格拉底作了一番预先的辩护。一方面是游叙弗伦这位预言家和自命的虔敬事宜的专家,他宣称知道什么是虔敬,什么不是,因为他以不虔敬之名而告父亲。而苏格拉底则相反,宣称对虔敬一无所知,并且面临不敬神的指控。因此,虔敬成为这两个人探讨的焦点。而实际的结果刚好相反。苏格拉底不仅在虔敬的知识方面高于游叙弗伦,而且在其行为中所展现的真正之虔敬亦优于游叙弗伦①。

---

① 参见 Noel B. Reynolds, *Interpreting Plato's Euthyphro and Meno*, p. 35。

第二章

游叙弗伦告父亲(3e7–5d6)

苏 你的又是什么啊？游叙弗伦，你自己是要辩护呢，还是起诉？

游 我要起诉。

苏 [e10]告谁？

游 [4a]我告(διώκων)这个人，别人都以为我疯了。

苏 什么？莫非这人能飞不成？

游 他已经老得不成，还飞个鬼？

苏 [a5]这人到底是谁？

游 我父亲。

苏 你父亲？好家伙！

游 没错。

苏 究竟什么官司？告什么？

游 [a10]杀人呐，苏格拉底。

苏 赫拉克雷斯(Ἡράκλεις)！游叙弗伦，大多数人确实不知道这么做究竟对不对路子。我看并不是什么人都能搞清，[4b]唯有像你这样智慧非凡的人才做得到。

游 老实说，苏格拉底，的确如此。

苏 你父亲杀死的肯定是你家里什么人吧？[b5]显然你不会为了一个别的什么非亲非故的人追究你父亲杀人。

游 真可笑，苏格拉底，你竟然认为被害人是外人、家人，这有什么区别。相反，人们只需看看这个杀人者他杀人到底合不

第二章 游叙弗伦告父亲（3e7 – 5d6）

合正义(εἴτε ἐν δίκῃ...εἴτε μή)。要[b10]合乎正义,就随他去。要不合正义,就得告他,哪怕这个杀人者[4c]与你同用一个炉灶,同用一个餐桌。如果你明明知道这等事,还与这样的人在一起而不去告他,以便洁净你自己和他,那么,你和他都会同沾这种血污(μίασμα)。被杀害的人是我的一个雇工。当时我们在纳克索斯(Νάξος)种地,[c5]我们雇了他在那儿干活。他喝醉了酒,跟我们家的一个奴隶闹意气,结果杀死了奴隶。我父亲便捆了他的手脚,把他扔在一条沟里,然后派人去解经师(ἐξηγητοῦ)那边,询问该如何[4d]处置。这期间父亲便没再理会那个捆着的人,心想一个杀人犯,死了也没什么大不了的。结果这杀人犯果真死了。他被捆着,又饿又冷,还没等派去解经师那边的人[d5]回来就死了。为了这个杀人犯,我告我父亲杀人,结果我父亲和其他家人大为恼火。他们说,我父亲并没有杀害这个杀人犯。即使父亲这么做了,那死掉的雇工也不足为惜,因为那雇工自己就是杀人犯。而且,[4e]儿子告父亲这也是不虔敬的。苏格拉底,他们根本不知道什么虔敬、什么不虔敬这类诸神事宜。

苏 不过,游叙弗伦,凭宙斯,难道你真的[e5]确信自己知道有关诸神的事宜,知道什么虔敬、什么不虔敬？就像你自己说的,发生这类事情的时候,你把你父亲告上法庭,难道你真不担心自己落个不虔敬的下场？

游 唉,苏格拉底,如果我连这些道理都搞不清,岂不是太没出息啰,[5a]我游叙弗伦跟普通人还有什么差别？

苏 尊敬的游叙弗伦啊,最好让我当你的学生吧。这样一来,我与米利都[a5]交涉的时候,就可以用这一招。我就说,以前我一向认为弄清诸神事宜相当重要,如今他就说我行为鲁莽,还革新神道呢。所以,我要当你的学生。"米利都",我就这样跟他说,"如果你承认游叙弗伦[5b]在这些事情上很有智慧,而且举止得当,那么对我也应如此啊,就别告我啦!"如果你不承认的话,那么你首先应该去告他,而不是告我,因为他才是我的老师,是他腐蚀了老年人——我和他的父亲,正是游叙弗伦,他教导我,[b5]指责并处罚他的父亲。如果他不肯照着我的意思办,不肯放弃对我的指控,或者转去告你以代替告我,我在法庭上就用这番话来对付他。

游　凭宙斯,苏格拉底,倘若他真想[5c]告我,我想我准能找出他的要害所在,那么,对我们而言,法庭上的矛头会更多地指向他,而不是我。

苏　我亲爱的朋友呦,既然如此,[c5]那我真得用心当你的学生了。我知道,其他什么人也好,米利都这家伙也好,看来根本没在意你。对我呢,他倒是轻而易举一下看透了,要告我不敬神。所以,现在请你以宙斯的名义告诉我,你刚刚非常确信知道得一清二楚的东西:[5d]杀人也好,其他什么都好,你说说,怎样才算敬神,怎样算不敬神?或者在所有的事情中,虔敬难道不是自身同一的吗?而不虔敬的事情,虽与所有虔敬的事情相对,但亦是自身同一的。就不虔敬这一点而言,凡[d5]不虔敬,它都有一个什么理型(ἰδέαν)吧?

游　那当然,苏格拉底!

1. 赫拉克雷斯之举

游叙弗伦急于提到自己的官司,经过一番炫耀式的对话之后,他向苏格拉底表明,他来这里是为了指控父亲杀人。

前面游叙弗伦替苏格拉底辩护的时候说,米利都那样做,恐怕只是从赫斯提亚开始来对城邦行不义。这一说法似乎是将苏格拉底视为城邦的真正的或神圣的父亲。而在此处,游叙弗伦所要指控的正是他的父亲。这种隐秘的对比,似乎颇具讽刺意味。米利都和游叙弗伦分别错误地指控苏格拉底和游叙弗伦的父亲不敬神,而他们自身恰恰是不虔敬的,因为他们正在毫无根据地攻击家火和邦火①。苏格拉底却将游叙弗伦的这一行为称为赫拉克雷斯之举。

游叙弗伦与苏格拉底在国王门廊相遇,看到对方出现在这一不同寻常的场所,他们俩的反应截然不同。这一点完全反映在他们各自的言词上②。其一,游叙弗伦不太能接受苏格拉底出现在国王门廊,即使后来不得不接受,他也认为苏格拉底肯定

---

① 参见 Noel B. Reynolds, *Interpreting Plato's Euthyphro and Meno*, Charles E. Merrill, 1988, p. 35。
② 当然,在演示体对话形式中,对话者的形象主要是在言词中生成,无论是他本人的言词,抑或其对话者的言词。对此,从第一章第一回合游叙弗伦与苏格拉底各自的反应可以看出。苏格拉底的形象不仅通过其自身的言词,也通过对话者游叙弗伦的言词而被刻画出来。游叙弗伦的形象亦然。事实上,本书的义疏亦完全建立在对其人物言词的考察之上。关于演示体对话及叙述体对话之区别,参见刘小枫编修:《凯若斯——古希腊语文教程》,华东师范大学出版社,2005年,第 404 页。

是被别人指控,而不可能去告别人(《游》2a1 - b2)。在这里,苏格拉底问的却是,你是要辩护还是起诉(3e8)。这至少说明,在苏格拉底的心目中,游叙弗伦牵扯到官司中并不见怪。由此亦些许透露出游叙弗伦与苏格拉底各自的生活状态。其二,两人在谈及自己的官司时的心态也大不一样。正如在第一回合中描绘的,面对游叙弗伦的惊讶,苏格拉底相当平静。与此相反,当苏格拉底问及游叙弗伦的官司,游叙弗伦虽然故作镇定,但无法掩饰对自己的作为的自鸣得意:我要追击(διώκων)这人,别人都说我疯了。游叙弗伦在这里故意设下悬念,希望有机会在苏格拉底面前展露自己的非凡之举。

苏格拉底似乎有意要促成游叙弗伦的自我炫耀,装作纳闷:莫非那人会飞不成?① 游叙弗伦显然非常得意:那家伙已经老得不行,还飞个鬼? 柏拉图在这里巧用διώκων这个词,既含"控告"之意,又含"追逐"之意。苏格拉底则用一个"飞"(πετόμενον)字来回应游叙弗伦的自以为是。苏格拉底似乎在暗示:游叙弗伦要去追逐或控告一个会飞的人,这显然极不明智,更何况事实上并不存在一个会飞的人。游叙弗伦所追逐的本身就是一个莫须有的东西。这是否也预示着游叙弗伦指控父亲最终不可能成功?

当苏格拉底得知游叙弗伦要告自己的父亲杀人,苏格拉底直呼"赫拉克雷斯"。在这里,柏拉图并没有在名字前外加一个小品词,而是直呼赫拉克雷斯(Ἡράκλεις)。因此,其意图并不

---

① 这里有可能暗示了伊卡如斯的神话,后详。参见 Maureen A. Eckert, *In Pursuit of Piety: A Translation and Interpretation of Euthyphro*, The City University of New York, 2004, p. 54。

◎ 第二章 游叙弗伦告父亲(3e7—5d6)

像一般意义上的以某个神的名义来发誓或表示惊讶,而是直接将游叙弗伦当作赫拉克雷斯,意为游叙弗伦的行为简直可以与赫拉克雷斯的壮举相媲美。

赫拉克雷斯是古希腊神话中的大力英雄,宙斯与忒拜王安菲特律昂之妻阿尔克墨涅之子,具有人神双重性。游叙弗伦作为预言家,在这一点上与其有相似之处,他也处在人神之间的位置上。安菲特律昂作为赫拉克雷斯在凡间的父亲,曾经意外杀死了赫拉克雷斯的叔叔,结果不得不接受一种宗教性的净化①。在《吕西斯》(*Lysis*)中,当苏格拉底询问吕西斯,他是否对父母做了什么不义的事,苏格拉底也大呼了一声:"赫拉克雷斯!"在这里,苏格拉底再次惊呼"赫拉克雷斯",似乎已经点明,游叙弗伦指控父亲是某种与吕西斯类似的不义之举②。赫拉克雷斯完成了包括十二项任务在内的许多壮举,在古代希腊人心目中享有崇高的声誉。游叙弗伦在当时雅典人的心目中,不过是可以当作笑料的预言家。这种对比,表现出一种强烈的讽刺效果。可惜游叙弗伦对此毫无察觉,甚至还沾沾自喜。

在《申辩》中,苏格拉底也曾把自己试图证明德尔菲神谕的行为称作"赫拉克雷斯式"的工作(《申辩》22b)。苏格拉底似乎想要表明,自己的工作是何其艰巨,同时包含一种自我解嘲的意味。不过,苏格拉底与游叙弗伦之间,表面上也有相似的地方。两者都是以自己认为的正义方式来对抗自己所认为的不义。游

---

① 刘易斯:《〈游叙弗伦〉义疏》,见柏拉图:《游叙弗伦》,顾丽玲编译,华东师范大学出版社,2010年,第108页。但是这种净化是否与赫拉克雷斯有关,并不清楚。
② 但是,为何柏拉图在描绘某人对父母行不义之时,要直呼赫拉克雷斯这一点尚未明晰。除非安菲特律昂所承受的净化与赫拉克雷斯有关。

叙弗伦将矛头指向父亲的"不义",苏格拉底探索神谕则指向城邦生活的腐坏。游叙弗伦在自己家中的位置,有点类似苏格拉底在城邦中的位置。游叙弗伦打算去告自己的父亲,父亲和家里人都大为恼火,说儿子告父亲不虔敬,用苏格拉底的话来说,游叙弗伦可能落个不敬神的下场。

苏格拉底紧接着夸奖,大多数人确实不知道这么做究竟在不在理,并不是什么人都能如此,唯有像游叙弗伦这样智慧非凡的人才做得到。这是苏格拉底第二次提到有智慧的人,之前说过米利都很有智慧(2c2-3a5)。游叙弗伦表示认同,他说,他们(普通人)根本不知道什么是虔敬(ὁσίου)、什么是不虔敬(ἀνοσίου)这类诸神事宜(τὸ θεῖον)。

在这里,游叙弗伦虽然是出于自傲而指责民众对什么是虔敬完全缺乏知识,但这种指责本身值得注意。首先,关于普通人的"无知"。包括米利都在内的大多数雅典城邦民,并不清楚何为真正的虔敬,但正是这些人要指控苏格拉底不敬神,并最终以投票的方式判处苏格拉底不敬神。这个问题确实值得深究,但又无法深究。从社会发展的现实来看,让大多数人掌握关于虔敬的知识,并以此指导自己的实践生活,这似乎也不太现实。既无可能,也无必要。倘若大多数人可以依靠世代相传的祖先之法生活,何尝不是件好事?古代历史恰恰证明了这是可行的。将这样一种古代人的"无知"看作成愚昧与落后,有失片面。现代人大多以为自身所处的时代是文明与进步的时代,殊不知自己也不过被一些新的"神话"牵着鼻子走,哪有真理与自由可言?

其次,游叙弗伦自以为是的"知",与苏格拉底的自知"无知"

形成了对比。游叙弗伦作为预言家,又自认是诸神事宜方面的专家①。他宣称,自己知道什么是虔敬,什么是不虔敬,他之所以指控父亲,正是因为父亲做了不虔敬之事。相反,苏格拉底则一再表明自己无知,不知道什么是虔敬,却被别人指控为不敬神。

柏拉图并无意指责大多数人对虔敬的无知,或者游叙弗伦对虔敬自以为是的"知",他这样安排主要是为了将虔敬背后所关涉的复杂关系、深层问题指呈出来。游叙弗伦是这样一个特殊的人物,在他身上既有传统虔敬观的影子——对话显示其虔敬观的基础还是诗人们所创作的诸神故事;同时作为预言家,又有超越传统虔敬观的一面;甚至,还兼有某些智术师的特征。柏拉图在游叙弗伦这个人物形象中融合了许多典型的人物特征。通过游叙弗伦与苏格拉底这两个表面上有点相似,而实际上反差极大的人物的对话,来呈现虔敬问题的复杂图景。

2. 习俗的虔敬观

事实上,这里的对话涉及一个关键的问题,即儿子指控父亲

---

① 在《申辩》中,苏格拉底这样描绘自己,他发现自己是最有智慧的人,因为他确实不知道的事情,他绝对不会说自己知道。而他的使命就是去找那些自认为有知识的人对话,治疗他们这种认识上的自负。他与那些政治家、诗人、手工艺者进行哲学的对话,游叙弗伦在某种程度上代表了宗教方面的专家。参见 Maureen A. Eckert, *In Pursuit of Piety: A Translation and Interpretation of Euthyphro*, p. 64。

是否虔敬?① 当时雅典的法律并没有明确禁止指控父亲,就像苏格拉底所提到的,只要罪行涉及了家庭成员。如果父亲杀死了某位家庭成员,那么另一位家庭成员可以向父亲提出指控。除此之外,习俗与法律都不允许儿子指控父亲。在当时的城邦生活中,父亲是家庭的权威,在家庭中担当着重要角色,它不仅得到古代神话的支持,也是构成古代信仰的基础。所以,儿子冒犯父亲是件危险的事②。

在进一步展开虔敬的讨论以前,我们有必要先来考察一下古希腊传统虔敬观的基本内容。据韦斯特的考证,ὅσιος(虔敬)这个希腊词通常指神分派给人的东西,包含两层意思:第一,神要求人完成的事情,包括人与人之间依据宗教法则而言的正确相处,及人对神应有的态度;第二,神允许普通人做的事情,或赐予普通人的东西③。这里,我们尤须注意,一方面,虔敬表现为人与人之间依宗教法则而言的正确相处,尤其是作为家庭祭司角色

---

① 前几年在汉语学界发生了两次关于"亲亲互隐"的儒家伦理大争鸣,其中苏格拉底是否赞成游叙弗伦指控父亲这一问题是争鸣的焦点之一,笔者从《游叙弗伦》的文本出发对这一问题做过专门阐述。详见附录《苏格拉底眼中的游叙弗伦问题——以柏拉图的虔敬观为视角》一文。
② 参见 Maureen A. Eckert, *In Pursuit of Piety: A Translation and Interpretation of Euthyphro*, p. 55. 艾克特认为,在关于伊卡洛斯的古希腊神话中,传递了这一信息。伊卡洛斯是技艺祖师代达洛斯的儿子。有一次,他跟父亲一起中了人身牛头怪物(Minotaur)的圈套,他父亲做了两对翅膀,希望可以逃脱。不过,在起飞之前,父亲就警告伊卡洛斯不能飞得太低也不能飞得太高。伊卡洛斯根本没把这放在心上,最后由于飞得离太阳太近而死掉了。这个神话向我们传达了一个信息,要听从长者的建议,处事要恰到好处,同时也警告那些试图违抗父亲旨意的自负的儿子们。笔者认为,艾克特在这里将游叙弗伦比作伊卡洛斯并不是非常恰当,因为两者情形还是有所不同,除了两位年轻人的自负之外。
③ 参见 Thomas G. West and Grace Starry West, *Four Texts on Socrates, Plato's Euthyphro, Apology, and Crito and Aristophanes' Clouds*, Cornell University Press, 1995, p. 45。

◎ 第二章　游叙弗伦告父亲(3e7—5d6)

的父亲与其他家庭成员之间的相处。另一方面,对希腊人来说,人对神应有的态度,不仅是灵魂的虔敬之态度,更重要的是指具体的崇拜行为,包括形形色色的献祭、崇拜及净化的仪式。人们把这些未成文的仪式和惯例整个当成"祖先之法",其在生活中的权威性和重要性即使不超过至少也等同于世俗的成文法①。

虔敬,在原初意义上首先表现为家神崇拜,亦即家庭祖先崇拜。而家神崇拜又以父亲的祭司角色为主导。对家庭成员而言,他要成为一位虔敬者,首先必须做到遵从父亲,尊敬父亲是虔敬首要且不可或缺的内涵。原始的家庭宗教始于对祖先的祭祀②。每个家庭都有其自己的家神,这些家神是每个家庭的祖先。他们不仅给予家庭以生命,使其得以延续,而且有力量赐福或降祸于家庭。因此,每个家庭都有一种绝对的责任来表达对祖先(家神)的敬意。其中,父亲扮演着祭司的角色。他主持家庭崇拜,决定谁能参加家火崇拜。父亲也有权决定子女的婚嫁,甚至对孩子充当法官的角色。所以,在古代社会,尊敬父亲被看作是我们"最神圣的责任"③。冒犯父亲则被看作是大不敬的行为。

之后,家神崇拜逐渐演化成城邦的诸神信仰,虔敬的内涵随之扩展为对城邦诸神应尽的诸种责任。古代信仰要人敬拜他的祖先,将全家人聚集于祭坛旁祭祀祖先。于是有了最原始的宗教、最原始的祷辞、最原始的义务观念和最原始的道德。随着社会的发展,家庭的组织原则次第延行于胞族、部落、城邦中,相应

---

① 参见 Noel B. Reynolds, *Interpreting Plato's Euthyphro and Meno*, p. 28。
② 参见库朗热:《古代城邦——古希腊罗马祭祀、权利和政制研究》,谭立铸等译,华东师范大学出版社,2006 年,第 23—27 页。
③ 参见 Noel B. Reynolds, *Interpreting Plato's Euthyphro and Meno*, p. 30。

有了胞族之神、部落之神和城邦保护神①。就像家庭因受祖先之庇得以生存,每个城邦也因某个或某些特殊的神得以存在。这些神就成为城邦的保护神,就像家神之于家庭一样看管并保护着城邦。家庭崇拜以家火为中心,城邦崇拜以邦火为中心。燃烧邦火的祭坛是城邦最神圣的所在。由此,虔敬成了人对城邦诸神应尽的诸种责任,包含众多世代相传的仪式和典礼。在雅典人心目中,虔敬的本质就是践行这些由神圣的祖先之法所规定的仪式。城邦的诸神信仰形成了一种无所不包的强大习俗,调节着城邦生活的方方面面。有人甚至将这种伟大的习俗称为"城邦的基本法"②。

  从上面的分析可知,就家庭层面而言,传统虔敬观表现为以父亲为主导的崇拜活动,并将"尊敬父亲"看作是最大责任。在希腊人的心目中,一个虔敬者的"虔敬"首要表现为对父亲的尊敬。而城邦的诸神信仰作为"城邦的基本法"是城邦共同体生活的根基所在。就古代信仰而言,无论是作为家庭层面的虔敬,还是城邦层面的虔敬,都因赫斯提亚的保护而得以可能。因此,当游叙弗伦得知米利都要去告苏格拉底,他马上就替苏格拉底辩护:米利都"对你行不义,只是从赫斯提亚开始来伤害城邦"。我们暂且撇开柏拉图借游叙弗伦之口来为苏格拉底做预先的庭外申辩。这里的关键是,游叙弗伦极其自负以至于他完全没有意识到,自己"子告父罪"的行为恰恰就是真正对虔敬的首要内

---

① 参见库朗热:《古代城邦——古希腊罗马祭祀、权利和政制研究》,谭立铸等译,第121页。
② 参见刘易斯:《〈游叙弗伦〉义疏》,见柏拉图:《游叙弗伦》,顾丽玲编译,第76页。

涵即"尊敬父亲"致命的打击,也是真正"从赫斯提亚开始来伤害城邦"。

对儿子冒犯父亲这一主题,让我们想起阿里斯多芬《云》中所塑造的苏格拉底形象。参照之下,至少有三点值得我们思考:第一,阿里斯多芬将苏格拉底描绘成一个智术师、自然哲学家和无神论者,描绘成一个败坏青年的人:教坏他的学生斐狄庇得斯腐蚀自己的父亲斯瑞西阿得斯。柏拉图笔下的苏格拉底正好与此相反,他质疑游叙弗伦对其父亲的指控。第二,在《云》中,苏格拉底对宙斯的力量做了自然主义的解释,从而取消了宙斯的位置。于是在《申辩》中,米利都将苏格拉底当成像阿那克萨戈拉(Anaxagoras)一样的自然哲人①,将苏格拉底告上法庭。对此,色诺芬为苏格拉底做了很好的辩护。根据色诺芬的描绘,苏格拉底把那些思考自然哲学这类主题的人看作是愚妄的。因为他们完全忽略了人类事务而研究天上的事情。真正值得尊重的是那些精通人类事务的人,而那些不懂这类问题的人,甚至并不比奴隶强多少②。第三,根据阿里斯多芬的描绘,在苏格拉底的思想所,那些学生在他的引领下学习何为正义。在其中有一个场景中,一位"好的逻辑"与一位"坏的逻辑"在争论,关于诸神那里是否有正义③。事实上,从游叙弗伦后面的说法中可以看

---

① Maureen A. Eckert, *In Pursuit of Piety: A Translation and Interpretation of Plato's Euthyphro*, p. 56.
② 色诺芬:《回忆苏格拉底》,吴永泉译,商务印书馆,1997年,第4—5页。
③ 坏逻辑说:"我告诉你,根本没有正义这东西。"好逻辑说:"你说没有?"坏逻辑说:"什么地方有?"好逻辑说:"天神那里有。"坏逻辑说:"如果正义存在的话,那束缚父亲的宙斯怎么没有被判死刑呢?"参见阿里斯多芬:《云》,载《罗念生全集·阿里斯多芬喜剧六种》,上海人民出版社,2004年,第191页。

到,他将宙斯对付自己父亲克洛诺斯的方式作为自己的榜样,其实是以他所认为的神的正义来蔑视属人的正义。我们可以看到,阿里斯多芬的《云》包含着这样一层意思:智术师与苏格拉底等自然哲人破坏了当时父亲权威这一传统习俗。

事实上,柏拉图在这里已经为苏格拉底作了一次委婉的辩护。苏格拉底受到的指控,罪名之一就是败坏青年,还唆使青年反对他们的长辈。年轻的要起来造反,反对年老的长辈。无论是游叙弗伦告父亲,抑或米利都告苏格拉底,都是如此。但从柏拉图笔下的《游叙弗伦》,我们看到另一番情形。游叙弗伦不但不是苏格拉底教唆出来的,而且面对游叙弗伦这一可能破坏传统信仰秩序的做法,苏格拉底提出了他的质疑,试图阻止游叙弗伦的不理智行为。在色诺芬的笔下,雅典人认为苏格拉底应该为他的两位学生克里提阿斯和阿尔克比亚德的错误行为负责[1]。色诺芬的辩护是,苏格拉底并没有败坏青年,因为他的全部教训都是劝诫他们不要犯罪并勉励他们培养自制和各种德行。上述两位学生在离开苏格拉底后所犯的错误,其咎并不在苏格拉底。因为苏格拉底还曾力图挽救他们,并劝勉他们追求那最光荣最美好的德行[2]。因此,苏格拉底对待游叙弗伦的态度也刚好表明,他并非古代信仰的破坏者,相反,他还极力维护传统习俗的权威。就像色诺芬说的,苏格拉底的言行和女祭司的回答完全一致。当人们求问,应如何祭神以及如何敬拜祖先

---

[1] 克里提阿斯是组成寡头政治的成员中最贪婪和最强暴的人,而阿尔克比亚德则是民主政治中最放纵、最傲慢、最强横的人。参见色诺芬:《回忆苏格拉底》,吴永泉译,第9页。
[2] 同上书,第9—17页。

时,女祭司的回答就是,按照城邦的风俗行事就是虔敬。苏格拉底不仅自己这样做了,而且还劝导别人也这样做①。柏拉图和色诺芬作为苏格拉底的学生,都对阿里斯多芬笔下的苏格拉底形象作了某种回应。

3. 告发与洁净

在接下来的对话中,游叙弗伦表明自己指控父亲是为了洁净由父亲杀人造成的血污。如果真是如此,那么游叙弗伦的行为就应当是基于宗教和习俗的正义之举。那么,这种"洁净血污"的行为是否能够成立,或者说是否有必要为了"洁净血污"采取指控父亲的方式?

游叙弗伦告父亲杀人,其指控的理由完全是宗教性的。正如游叙弗伦自己所言,如果他明明知道父亲杀了人,还与他住在一起不去告他,那么他和父亲都会同沾这种血污(μί$\alpha\sigma\mu\alpha$)(4c2-3)。为了洁净这一血污,他要指控父亲。

游叙弗伦的案子其实有四个方面的问题需要搞清:第一,游叙弗伦的父亲的杀人罪是否能够成立?按照当时的惯例,游叙弗伦父亲的行为似乎不足以构成杀人罪。第二,如果杀人罪成立,儿子指控父亲是否合理?根据当时的法律和习俗,受害人不是自己家人,游叙弗伦显然没有资格对父亲提出指控。第三,如果儿子不能指控父亲,游叙弗伦又该如何来处理这两次血污?

---

① 参见色诺芬:《回忆苏格拉底》,吴永泉译,第22页。

第四,游叙弗伦又是依凭什么做出这种违反法律习俗的指控?这几个问题背后都涉及传统虔敬观,特别是最后一个问题,直接指向了游叙弗伦对习俗虔敬观的"革新"。

> 真可笑,苏格拉底,你竟然认为被害人是外人、家人,这有什么区别。相反,人们只需看看这个杀人者他杀人到底合不合正义。要合乎正义,就随他去。要不合正义,就得告他,哪怕这个杀人者与你同用一个炉灶,同用一个餐桌。如果你明明知道这等事,还与这样的人在一起而不去告他,以便洁净你自己和他,那么,你和他都会同沾这种血污。(《游》4b7-4c1)。

先来看游叙弗伦的逻辑。他说,人们只需看看这个杀人者杀人到底合不合正义。要合乎正义,就随他去。要不合正义,不管他是外人、家人,都得告他。那么,游叙弗伦的父亲杀人了吗?确切地说,他并没有杀人。所以,游叙弗伦指控行为的背后所依据的前提就成问题,由此建立的推断自然无法成立。退一步说,即使父亲杀人的罪名成立,儿子指控父亲也是不允许的,除非犯罪涉及的是另一位家庭成员。按照当时雅典的法律,诸如此类的谋杀,只有受害人的亲属才可以作为原告提出合法诉讼①。正因如此,苏格拉底才有这样的反应:"你父亲杀死的肯定是你家里什么人吧?显然你不会为了一个别的什么非亲非故的人追

---

① Thomas C. Brickhouse and Nicholas D. Smith, *Plato and the Trial of Socrates*, Routledge, 2004, p.13.

◎ 第二章 游叙弗伦告父亲（3e7－5d6）

究你父亲杀人。"（《游》4b4－6）但在游叙弗伦这个案子中，杀人犯却是原告的亲属，而受害人只是原告雇佣的一位工人。游叙弗伦为了一位外人即雇工要去告父亲。

从法律的角度看，游叙弗伦确实不具备起诉的资格。但从宗教的角度看，游叙弗伦的理由似乎又是正当的：与一个杀人犯同用一个炉灶，同用一个餐桌，将同沾血污。游叙弗伦希望通过法律的方式来解决一个宗教性的问题，即以指控的方式来解决血污问题。这一行为，无论从法律还是习俗宗教的角度来看，都极为特殊。之所以出现这样一种尴尬的处境，在于游叙弗伦所依据的出发点不同于常人。他完全撇开了属人的正义，而将诸神的正义作为行为的正当性依据。游叙弗伦的这一行为在某种程度上呈现出传统虔敬观与个体内在理智之间的一种张力。或者说，传统虔敬观在解决某些偶然事件时并非十全十美，因为其内部本身存在一些相互矛盾的东西。

当然，这并不意味着游叙弗伦所面对的问题在当时法律和习俗的范围内无法得到解决。有两种可能的方式。其一，作为一种法律的解决方式，可以由那位雇工的亲属提出对游叙弗伦父亲的指控。当然，游叙弗伦的父亲的罪名能否成立也有待法庭的进一步裁决。如果法庭驳回了原告的起诉，那么，法庭可以将这一事件造成的两次血污问题交给解经师来解决。其二，作为一种宗教的解决方式，如果雇工亲属没有提出起诉，那么，游叙弗伦也可以去请教解经师，如何洁净因父亲杀人而给家人带来的血污。也就是说，即便父亲的杀人罪名成立的话，游叙弗伦虽然并无资格从法律上指控父亲，仍然可以通过宗教的方式来解决洁净血污的问题。当然，柏拉图并不想让我们猜测可以如何解决这个问题,毋宁说,是为了通过这样一个戏剧性的故事,向我们展现习俗虔敬观的内在矛盾。

以上说法以杀人罪名能够成立为前提,但事情并没有想象的那么简单①。游叙弗伦家雇佣的一位工人,因酗酒与家里的奴隶闹义气,结果这位雇工杀死了其中一位奴隶。游叙弗伦的父亲显然认为应该对此采取一些措施,因为这种流血事件会引起血污或宗教污染。于是,他将雇工的手脚捆绑起来,扔在沟里,一则以防其逃跑,逃脱罪责;二则防止血污的蔓延②。如果这位雇工是当场被抓(看起来,情况确实如此),那么根据雅典的法律,游叙弗伦的父亲有权当场处决他③。如果不是当场被抓,那么,恰当的方式就是去征求雅典解经家的意见。后者正是游叙弗伦的父亲实际所采取的行动。根据游叙弗伦所描绘的事情经过,游叙弗伦的父亲对一位杀人犯所采取的这些行为都合情合理,除了没有给予那位雇工适当的照料。而游叙弗伦对此亦有部分责任,至少他可以提醒自己的父亲要照料雇工。因此,从法律角度看,完全不清楚游叙弗伦的父亲究竟需要为那位死去的雇工负多大的责任。若是从宗教角度看,那位杀害了奴隶的雇工倒是负有相当责任,因为他造成了流血事件。游叙弗伦一

---

① 这里似乎还涉及一个更为复杂的法律问题,当时的雅典法律对没有姻亲关系的雅典外邦人的相关法律问题作了修正,所有人都可以对那些将引起血污的谋杀案提出起诉,这种血污被认为会影响城邦的最高利益。但是,游叙弗伦的父亲所"杀害"的那位雇工显然是个纳克索斯人。如果这个事件确实发生在公元前404 年,那么,当时纳克索斯还属于雅典的占领地土地,雅典法庭可能尚未对其宣布法律权限。参见 Ian Walker, *Plato's Euthyphro*, Chico California: Scholars Press, 1984, p.63。
② 因此他父亲将雇工扔在沟里,而没有关到自己家里面。
③ R. E. Allen, *Plato's Euthyphro and the Earlier Theory of Forms*, Humanities Press, 1970, p.21.

直坚持他指控父亲的动机,是为了洁净两次血污,但实际上并没有足够的证据表明父亲的这一行为构成了任何的血污。由于游叙弗伦将自己看作是诸神事宜方面的专家,所以他贸然行动,要以指控的方式来洁净血污。

游叙弗伦控告父亲的行为,不仅不符合当时的法律规定,也不符合当时的宗教惯例。他之所以能如此决绝地无视这些传统秩序,一方面是由于他将自己的依据上推到诸神的正义观;另一方面也可以看出,雅典当时的传统秩序面临着松动的危机,传统城邦秩序已经成为一种可以质疑和挑战的东西。

4. 苏格拉底要当学生

面对游叙弗伦如此的自以为是,苏格拉底发现要想说服他,最好的方式就是当他的学生。苏格拉底当学生,表面上似乎是为了从游叙弗伦那里学会什么是虔敬,以对付米利都对他的不敬神之指控。若细究苏格拉底的言词,我们发现,其目的并不在此。

苏格拉底自己说:"以前我一向认为弄清诸神事宜相当重要,如今他(米利都)就说我行为鲁莽,还革新神道呢。"一个人重视诸神知识,有可能遭受不敬神的指控。苏格拉底正是因为探索有关神圣事物的知识,而被指控为革新神道的人。那么,苏格拉底的探索究竟如何成为所谓的不敬神行为?从习俗的角度来说,这种探索本身就是不敬神的。探索的根源就在于尚未完全地信赖某个事物。在《申辩》中,米利都指控苏格拉底对神圣事物一无所知,但米利都自己是否对此了如指掌呢?苏格拉底给出的理由是因为这方面的事物实在太难了解,因而他的无知是不当心,而这种不当心不可能有罪,除非每个雅典城邦民都能轻易掌握有关神圣事物的真理①。

苏格拉底声称,只要米利都承认游叙弗伦精于此道,举止得当(ὀρθῶς νομίζειν)②,那么,对于作为游叙弗伦学生的苏格拉底也应同样看待。苏格拉底竭力满足游叙弗伦的虚荣心,不仅称赞游叙弗伦在诸神事宜方面有智慧(4b1),而且还夸奖游叙弗伦在此方面举止得当。苏格拉底这么做显然是别有用意。事实上,好老师的学生不一定都好,两者之间并不存在必然联系。更何况,在此之前,苏格拉底已经犯下了米利都所说的那些罪行。即使现在苏格拉底能够成为游叙弗伦的学生,并且举止得当,之前的行为仍然得由苏格拉底自己负责,跟游叙弗伦根本没关系。倘若苏格拉底当学生真是为了对付米利都,那么,他的言词不免有太多漏洞。

苏格拉底接下来的说法或许说明了问题所在。他说,如果米利都真要告的话,就得去告游叙弗伦,因为正是游叙弗伦腐蚀了老年人——其父亲和苏格拉底。苏格拉底还指出了腐蚀的内

---

① 施特劳斯:《论〈游叙弗伦〉》,见贺照田主编:《西方现代性的曲折与展开》,吉林人民出版社,2002年,第176页。
② 参见 John Burnet, *Plato's Euthyphro Apology of Socrates and Crito*, Oxford University Press, 1979, p. 109。值得注意的是柏拉图在这里用的是 ὀρθῶς νομίζειν,所指的是宗教礼仪方面举止恰当,而非看法正确。苏格拉底在这里假设米利都承认游叙弗伦精于此道,显然是一种反讽。苏格拉底曾指出,游叙弗伦指控其父的行为(而非其看法),意味着游叙弗伦具有非凡的智慧,游叙弗伦也承认了这一点(4b1-3)。但同时成问题的也正是游叙弗伦的行为(自己会落个不敬神的下场)(4e7)。

第二章 游叙弗伦告父亲(3e7—5d6)

容:对苏格拉底的教导,对其父亲的指责和惩罚。正如前面所言,在苏格拉底被指控之前,并不存在游叙弗伦对苏格拉底的教导,因而这一腐蚀完全是莫须有的;游叙弗伦对其父亲的指责和惩罚倒是真的。这半假半真的说法之间,或许掩藏着苏格拉底的真正用意:游叙弗伦指控父亲的行为是一种腐蚀老人的做法。苏格拉底回到自己的官司。他设想了在法庭上与米利都对决的情形,他说他打算用游叙弗伦这个挡箭牌来对付米利都。这使苏格拉底倒成了一位真正的预言家。

我们发现,苏格拉底这一小段言词(5a3—5c3)事实上包含三个部分,两头都提到自己的官司,针对游叙弗伦的说法正好处于半假半真的中间部分。因此,从表面上来看,苏格拉底时刻关注着自己的官司。但结合语境来看,说服游叙弗伦才是他的目的所在。

游叙弗伦听不出苏格拉底的言外之意,完全没有为自己腐蚀老人的说法辩护,相反,好胜心使他将所有的注意力都集中于如何在法庭上对付米利都。这里隐含着一个前提,米利都不可能因为苏格拉底搬出游叙弗伦作为自己的挡箭牌而放弃指控。游叙弗伦一副大义凛然的姿态,要为苏格拉底作辩护,并且信心十足,好像一定能打败米利都①。

苏格拉底顺水推舟,用心做游叙弗伦的学生。苏格拉底继续施展激将法,将自己与游叙弗伦作比较。游叙弗伦对城邦来说,不过是个无害的自夸者,人们根本不把他放在心上,只是将

---

① 游叙弗伦说:"……对我们而言,法庭上的辩论矛头首先会更多地指向他(πολὺ ἂν...πρότερον...λόγος ἐγένετο),而不是我。"在这里,游叙弗伦用了过去时ἐγένετο,而没用现在时或将来时,就像事情已如他所说发生过了一样。

其作为饭后茶余的笑料而已。苏格拉底却让他们感到莫名的危险。因此,他们必定要设法清除这种危险。游叙弗伦与苏格拉底虽然同属城邦中的少数人,但两人生存位置的差异,使得城邦民对两人的态度截然不同。

接下来,苏格拉底将话题正式引向本篇对话的主题。苏格拉底开始质疑游叙弗伦所确信的想法,杀人也好,其他什么都好,究竟怎样才算敬神(εὐσεβές),怎样才算不敬神(ἀσεβές)?事实上,这是苏格拉底助产术的表现形式之一。看似在提问,实际上却是在引导对话者沿着正确的途径探究问题。凡虔敬或不虔敬的事情,都有一个相同的理型。在这里,有一个疑问,对于同一个"敬神(或虔敬)"概念,柏拉图为何要用不同形式的词(εὐσεβές和ὅσιος)来表达。ὅσιος在希腊文中通常指的是神分派给人的东西。神要求人完成的事情或神允许普通人做的事情。εὐσεβές(敬神)或ἀσεβείας(不敬神)是常用的法律术语①。从韦斯特的解释可以看出,ὅσιος是一个比较宽泛意义上的概念,它是在宗教法则的意义上对人与人之间的关系以及人与诸神之间的关系的一种总体要求。而εὐσεβές通常指某个更为具体化的敬神行为。《游》这篇对话的主题即是ὅσιος,能否这样说,柏拉图在探讨一个哲学主题时,其立足点还是在具体的日常生活,因而他从一个更为具体化的敬神概念εὐσεβές入手?哲学思考若是脱离了大地,必定如"空中楼阁",毫无意义。这两个词的交替使用,也在说明,搞清ὅσιος的本质,对具体敬神

---

① 参见 Thomas G. West and Grace Starry West, *Plato and Aristophanes, Four Texts on Socrates—Plato's Euthyphro, Apology, and Crito and Aristophanes' Clouds*, Cornell University Press, 1995, p.46。

◎ 第二章　游叙弗伦告父亲(3e7—5d6)

εὐσεβές行为尤其是尊敬父辈极为重要。

游叙弗伦回答："那当然!"看起来,游叙弗伦似乎非常熟悉苏格拉底所用的虔敬、不虔敬这类概念,并且毫无疑义地接受这些概念。但是,后来当苏格拉底让他做出具体解释时,游叙弗伦却显得不知所措。这种情形在柏拉图对话中经常出现。苏格拉底经常使用一些看似不言自明的概念,但随着对话的进行,对话者不得不正视自己原来对这些概念完全缺乏了解。

一个不诚心的学生,目的只是为了教育老师。一个自以为是的老师,结果却被学生牵着鼻子走。在苏格拉底与游叙弗伦的对话中,角色完全被颠倒。这与其说是一种装样子,不如说是苏格拉底教导年轻人的一种善巧。当然,这并不意味着,苏格拉底对"虔敬"本身了如指掌,以此来教育游叙弗伦。他的"知"更在其"不知"的自觉上。他需要让游叙弗伦明白,事情并没有想象中的那样简单和自明。其实,苏格拉底与游叙弗伦作为两个戏剧性事件中的被告与原告,都面临一个亟待解决的问题,即"什么是虔敬"。于是,接下来的对话开始进入对"虔敬"定义的探讨。

第三章

做神所做（5d7 – 6e9）

苏　那么请你告诉我,到底什么是虔敬,什么是不虔敬?

游　要我说,虔敬就是我现在所做的。杀人也好,盗窃神物(περὶ ἱερῶν κλοπὰς)也好,或者[d10]干其他诸如此类的坏事,不管这干了不义之事的人(τῷ ἀδικοῦντι)[5e]碰巧(ὢν τυγχάνῃ)是你父亲也罢,母亲也罢,还是其他什么人都好,都得告他,否则就不虔敬。苏格拉底,关于这一习惯看法(τοῦ νόμου),我要给你一个千真万确的证据(τεκμήριον)——我也跟别人提过这个证据,如果真有人这么做的话,告他就对了——不管他碰巧(τυγχάνῃ ὢν)是什么人也罢,绝不能放过这个[e5]不敬神的家伙(τῷ ἀσεβοῦντι)。那些人既相信宙斯是最好、最正义的神,[6a]宙斯的父亲不义地吞噬了自己的那些儿子,他们也赞成,宙斯以其人之道还治其人之身,将自己的父亲捆绑起来阉割了。我父亲做错了事,我要告他,他们却义愤填膺。看来,他们[a5]对神和对我的看法截然不同。

苏　游叙弗伦,难道这就是他们要我吃官司的原因?因为只要有人讲那些诸神的事情,我就觉得难以接受。所以,有人就说我犯了大错。既然你[6b]对这类事情了如指掌,如今也认为这些事情是真的,看来,我们不得不承认了。但是,关于诸神,我们又承认自己一无所知,那么,我们还有什么可说的吗?看在友谊之神的份上,你就告诉我吧,你真的认为这类事情像你说的那样发生过?

游 [b5]那当然,苏格拉底。还有更稀奇的事,一般人都不知道哩。

苏 难道你真的相信,诸神之间势不两立,彼此憎恨、彼此争斗,甚至战争以及其他诸如此类的事?就像那些诗人所说的,或者是那些[6c]画家朋友在庙宇中为我们所描绘的,尤其是大泛雅典娜节(τοῖς μεγάλοις Παναθηναίοις)大家为雅典卫城准备的那件大袍,绣满了那些故事。游叙弗伦,我们能说那些故事是真的吗?

游 [c5]还不止这些哩,苏格拉底。我刚说过,你要愿意,我还能为你讲上一大堆这类故事。你听了,准大吃一惊。

苏 我才不会呢。不过,这些等有空的时候,你再慢慢讲吧。现在你还是把我刚才的问题[6d]讲得更清楚些吧。朋友,刚才我问什么是虔敬,你还没有教会我呢。你只告诉我,你现在碰巧正在做的,告父亲谋杀,就是虔敬。

游 [d5]苏格拉底,我说得没错啊。

苏 或许吧。但事实上,游叙弗伦,你也说其他许多行为是虔敬的。

游 的确如此。

苏 你还记得吗?我想要问你的不是这个,[d10]让你教我一两件虔敬的事,而是所有虔敬的事之所以虔敬,它的理型是什么?因为你说过,正是按照一个理型,[6e]凡不虔敬的事不虔敬,凡虔敬的事虔敬。难道你不记得了吗?

游 我当然记得。

苏 那么就请你教教我,这个理型究竟是什么,好让我盯住它,把它[e5]当作一个标准。这样一来,你或其他人所做的事若跟它像,我就可以说虔敬,若不像,我就说不虔敬。

游 如果你想要如此,苏格拉底,那我就这样来说。

苏 没错,我就想如此。

1. 诸神抑或理念

苏格拉底问游叙弗伦,什么是虔敬,什么是不虔敬,游叙弗伦回答,他现在所做的(即指控父亲)就是虔敬。之后,游叙弗伦用宙斯的行为来论证自己行为的正当性。因此,游叙弗伦试图给出的第一个定义就是:虔敬即做神所做。

苏格拉底以他一贯的方式来提问,"什么是 A?"这个 A 常常指代某种美德或其他伦理概念①,在这里也就是"虔敬"。游叙弗伦的回答不过是举了个有关"虔敬"的例子——这个例子是否真的虔敬尚有争议。游叙弗伦紧接着还给出了其他的例子:告发杀人犯、盗窃神物者以及干诸如此类坏事的人就不虔敬。这种论证方式在柏拉图早期对话中时常出现。在《拉克斯》(191e-192b)中,拉克斯将勇气定义为在战争中不会临阵脱逃,苏格拉底指出,勇气不仅体现在战争中,也存在于航海冒险中,在面对疾病、贫穷和政治生活时,同样需要勇气。苏格拉底想要知道的是,所有这些情形中什么是它们的相同之物。在《希琵阿

---

① 如《拉克斯》(190e)中所讨论的勇气、《卡尔米德》(159b)中的节制、《王制》(331c)中的正义、《希琵阿斯前篇》(287e,289e)中的美等概念。

斯前篇》(300a-b)中,苏格拉底声称,如果两个不同的东西是美的,它们必定有某种一致的东西使其成为美的。在《美诺》(72c)中,美诺为了定义美德也是举了一大堆例子,苏格拉底以类比的方式纠正了他。假设别人问你,什么是蜜蜂。如果你告诉别人,存在许许多多各种各样的蜜蜂,这对定义"蜜蜂"毫无益处。这个问题需要找到所有蜜蜂的共同特征。因此,就美德而言,不管这些美德具有怎样的变化和多样性,它们都有一个共同的特征,这个特征使其成为特定的美德。谁要想说什么是美德时,都必须盯牢这一点[1]。

苏格拉底在问"什么是虔敬?"时,并不想要得到一大堆例子,而是想知道那个理型(εἶδος),也就是虔敬的本质[2],以便可以根据这个标准来判定什么是虔敬,什么不是虔敬。这种对"标准"的需求正是苏格拉底对话的问题意识所在。而其目的,不仅仅是为了获得对这些美德的抽象把握,更希望掌握这些基本准则之后,能够在具体的情形中得以践行。苏格拉底在《王制》(344d-e)中指出,知道什么是虔敬、什么是正义、什么是美德非常重要,因为生活的行为基于这些知识。知识是行动的指南,这就为探求这些知识提供了足够的正当性。

对游叙弗伦来说,这或许是个过于纯粹的理论问题,他根本没有考虑过。因此,当苏格拉底问游叙弗伦什么是虔敬的那个理型,他根本无从回答。

---

[1] Plato, *The Dialogues of Plato*, Volume 1, *Euthyphro, Apology, Crito, Meno, Gorgias, Menexenus*, Translated with comment by R. E. Allen, 1984, Yale University Press, pp. 30-31.
[2] 柏拉图关于本质和理型的思想,来源于巴门尼德。他赞成,只有与可感事物不同的思想的对象才是真正的实在。

不过，游叙弗伦仍然为自己辩护，干这类坏事的人，不管他碰巧是你父亲也罢，母亲也罢，还是其他什么人都好，都得告发他，否则就不虔敬。游叙弗伦在描绘其官司时有意强调了"碰巧"这个词，这无非是为了给自己的行为找一个根据。有一个人碰巧（不小心）杀了人，而这个杀人犯碰巧就是自己的父亲——用游叙弗伦的话来说，干这类坏事的人，哪怕他是自己的父母，都得告他。事实上，所有这一切都是偶然的结果，游叙弗伦家碰巧雇佣了这位雇工，也没想到他会喝醉，还与自己家的奴隶闹意气，并杀死一个奴隶，所有这些都在意料之外。游叙弗伦的父亲知道了这个事情，就把雇工捆绑起来，扔在沟里，也根本没想到雇工就这样死了。于是，游叙弗伦及其父亲都被推上了这个偶然的舞台。"碰巧"（τυγχάνη）这个词，它又意味着"某事偶然临到……头上，或发生在……身上"，游叙弗伦强调这个词，似乎是为了表明正是这种种偶然降临到自己的身上，并非自己刻意为之。那么，游叙弗伦如何来面对此刻降临在他身上的这一偶然？他说，只要有人干这类坏事，那么无论他是什么人，都得告他，否则就不虔敬。紧接着，游叙弗伦搬出宙斯来为自己辩护。他开始抱怨，人们对宙斯和对他的态度不同：

>那些人既相信宙斯是最好、最正义的神，宙斯的父亲不义地吞噬了自己的那些儿子，他们也赞成，宙斯以其人之道还治其人之身，将自己的父亲捆绑起来阉割了。我父亲做错了事，我要告他，他们却义愤填膺。看来，他们对神和对我的看法截然不同。（《游》5e5－6a4）

第三章 做神所做(5d7-6e9)

雅典城邦民似乎抱有这样一种看法,宙斯惩罚自己的父亲是正义之举,而游叙弗伦如此指控自己的父亲却为不义之举。游叙弗伦对这种"自相矛盾"显然非常不满。

在这里,游叙弗伦将正义与虔敬混淆起来,苏格拉底在后面发展了游叙弗伦的这一观点(《游》11e5-12e8)。柏拉图笔下的苏格拉底,惯用的方法就是考察这些词的正确含义以探明本质。而游叙弗伦为了证明自己的定义,只是给出了日常化的虔敬意义,这也可以算是一种反讽。游叙弗伦的论证预设了这一点:不义的行为一般来说都是不虔敬的,因此正义的行为一般来说是虔敬的[1]。在游叙弗伦看来,宙斯父亲的行为是不义的,因此宙斯可以正当地惩罚其父亲。与此相类似,游叙弗伦认为自己指控父亲的行为也是正义的。

游叙弗伦的抱怨包含着这样一个预设:人与神属于同一个等级,相似的行为应得到相似的对待。事实上,这都是有问题的。首先,在希腊传统社会,人与神的分际是明晰的,人与神的所作所为不能同日而语。神话中的诸多例子,暗示着人若是追求成为神或回避人神之间的差异,就会受到惩罚。就像普罗米修斯的故事所展现的。普罗米修斯相信自己能击败宙斯,但他的挑战带来的结果,就是恶出现于这个世界[2]。游叙弗伦将自己的行为与宙斯的行为相提并论,显然僭越了这种人神的分际。游叙弗伦以宙斯的故事来证明自己的行为是

---

[1] Noel B. Reynolds, *Interpreting Plato's Euthyphro and Meno*, Charles E. Merrill, 1988, p. 42.

[2] Maureen A. Eckert, *In Pursuit of Piety: A Translation and Interpretation of Euthyphro*, The City University of New York, 2004, pp. 69-70.

虔敬的,然而他没有意识到,苏格拉底或者他的家人,同样可以用诸神故事来证明他的行为是不虔敬的。这是诗人神学本身具有的矛盾特征。

其次,即便不顾这种人神的分际,游叙弗伦与宙斯的处境仍然不具有可比性。差异在于:其一,宙斯的父亲克洛诺斯吃掉自己的子女,而游叙弗伦的父亲并没有要杀害游叙弗伦或其他子女。其二,宙斯的父亲克洛诺斯所犯的是故意杀人罪,而游叙弗伦的父亲最多也只能算因疏忽大意而致人死亡。其三,克洛诺斯所犯的是家庭谋杀,宙斯通过惩罚父亲,来为自己的兄弟姐妹报仇,而游叙弗伦却是为了一个外人,即雇工。且不说做神所做是否必然虔敬,游叙弗伦在这里的行为显然与宙斯不具可比性,因而,建立在此基础之上的效仿也并不可靠。

对于苏格拉底的提问"什么是虔敬"?游叙弗伦第一次给出的回答是,他现在所做的就是虔敬。事实上,游叙弗伦给出了一个形式上不完全的答案①。这个答案真正的含义是,虔敬即做神所做。由此,我们可以看到,游叙弗伦的观点看起来确实要"高于"传统虔敬观。传统虔敬观认为,虔敬在于做神让我们做的事情。游叙弗伦并不满足于像普通城邦民那样,顺从诸神的旨意,做神让我们做的事情。正是在这一点上,游叙弗伦努力凸显自己的与众不同,在自己与城邦民之间划清界限(《游》3c,4e,5a,6a)。游叙弗伦看不起那些民众,他把自己放在与诸神的虚

---

① 施特劳斯:《论〈游叙弗伦〉》,见贺照田主编:《西方现代性的曲折与展开》,吉林人民出版社,2002年,第185页。

◎ 第三章　做神所做(5d7—6e9)

幻联系中。哪怕所有的人都看不起他，他都无所谓，他将自己与诸神的联系作为一种补偿和慰藉①。

然而，对宙斯的彻底模仿也将陷入深刻的矛盾中。倘若虔敬真是做神所做，我们要效仿宙斯，才算得上虔敬。但宙斯自己并不服从任何人。如果我们要效仿宙斯的话，我们就不该服从任何人，包括宙斯。于是，只有当我们不服从宙斯的时候，恰恰是我们最敬宙斯的时刻。游叙弗伦显然没有意识到这一尖锐的矛盾，而苏格拉底也没有从这个角度对他加以反驳。

无论如何，游叙弗伦将自己的例子与宙斯的例子作对比，令人震惊。对那些传统诸神故事中的诸神行为，人们并非毫无保留地乐于接受，有时甚至会憎恨诸神的某些做法。游叙弗伦征引诸神的所为，无非是为了表明，他的家人不应该对他的告父行为不满，也不应该对他和对宙斯的行为采取两种截然不同的态度。游叙弗伦拉出宙斯来作比较，一则表明游叙弗伦无比自大，二则亦表明游叙弗伦的愚蠢。如上所说，这个例子无论从哪方面来看都不适合与游叙弗伦的例子进行比较，用以作为他自己指控父亲的依据。

模仿宙斯存在这样的困境，模仿其他诸神亦有类似的困境。苏格拉底非常清楚游叙弗伦的个性，因此他没有直接反驳游叙弗伦的抱怨，而是试图让游叙弗伦自己意识到自己的漏洞，他问游叙弗伦，是否真的相信诸神大打出手的那些故事。如果游叙弗伦承认诸神之间的争斗，那么我们就不能模仿他们的行为。

---

① 参见刘易斯：《〈游叙弗伦〉义疏》，见柏拉图：《游叙弗伦》，顾丽玲编译，华东师范大学出版社，2010年，第117页。

倘若那些故事与行为正当的诸神形象相符，那么如何解释乌拉诺斯和克洛诺斯所做的那些不义之举。如果虔敬就在于做神所做的事，而不同的神做不同的事，我们究竟应该模仿哪个神呢？

这个问题并不是不能解决的。事实上，在游叙弗伦自己的表达中已经暗含了一种解决的可能性。他将宙斯称为最好、最正义的神。其实，这个判断包含了一个排序的标准或者等级的标准。作为游叙弗伦，他确实可以选择诸神中最好、最正义的宙斯来作为行为的准则。但这样一来，问题在于：

> 游叙弗伦必须知道什么是正义。他必须知道正义的理念。因为最正义的神乃是最完美地模仿正义之理念的神。但如果一个人知道正义的理念，那就没有理由说，他必须去模仿正义理念之最完美的模仿者（宙斯）。他为什么不直接模仿正义本身呢？①

于是，游叙弗伦的困境凸显了一个问题，究竟是选择诸神，还是选择理念？这也是游叙弗伦关于虔敬的第一个定义包含的核心内容。

命运的偶然把游叙弗伦拉进了这场官司，而苏格拉底的质疑，又使得游叙弗伦身陷困境。人神行为并不具有可比性，即使硬着拉来比较，无论模仿宙斯还是模仿其他诸神，都会陷入无法避免的矛盾。因此，关于虔敬的第一个定义难以确立。

---

① 施特劳斯：《论〈游叙弗伦〉》，见贺照田主编：《西方现代性的曲折与展开》，第187页。

2. 不敬神的可能原因

其他人对待游叙弗伦与宙斯的态度截然不同,游叙弗伦为此愤愤不平。苏格拉底没有对其他人的态度做出任何评价,反而将话题直接转到了自己的官司,进而转到诸神故事的话题上。在这里,柏拉图给出了苏格拉底被控不敬神的可能原因。

在对话的开头,游叙弗伦的话已经为苏格拉底的不敬神揭示了一个可能的原因:苏格拉底经常宣称有神灵向他显现,人们就指控他引进新神。柏拉图的《申辩》(31c7-d4)和色诺芬的《申辩》(12)都证实了这一点。在《申辩》中,苏格拉底也是这样来为自己的不敬神作辩护的。苏格拉底说自己被控不敬神,似乎就在于他信新的神灵,或者说制造新的神灵。这新的神灵又被民众误认为是一种新的神。那么,苏格拉底心目中的"神"难道真的就是这些新的神灵?抑或还有别的什么东西?在《游叙弗伦》中用"制造"($\pi o \iota o \tilde{\upsilon} \nu \tau \alpha$)一词,柏拉图是否为了点明真正的诸神制造者是那些诗人?这里暗含一个判断,即由诗人制造出来的诸神信仰,犹如映在洞穴里面墙上的光影,虽然并不具有稳靠的正当性,但却可以成为民众生活必不可少的信仰依赖。不过,苏格拉底从来没有明确表示自己不信城邦神,而只是提出自己的困惑。在大庭广众之下,他甚至连这种困惑都没有提出来①。与柏拉图的隐微言辞不同,色诺芬在这一点上为苏格拉底作了更彻底的澄清。他说,苏格拉底常常在家中献祭,也常常在城邦的公共祭坛上献祭,这是人们有目共睹的。色诺芬认为,苏格拉底与那些从事占卜,求教于征候、异兆等的人们一样,并没有引进什么更新的神。唯一的不同在于,在那些人看来,神明以这些异兆等为媒介,把那些预示吉凶的事显示出来。而对苏格拉底而言,神明并不借助这些媒介,而是直接向苏格拉底显现②。因此,苏格拉底并没有引进什么新神,而且也跟别人一样敬奉诸神。

苏格拉底不敬神的另一个可能,就潜伏在他对诸神故事的怀疑态度中。"难道这就是他们要我吃官司的原因?因为只要有人讲那些诸神的事情,我就觉得难以接受。所以,有人就说我犯了大错(ἐξαμαρτάνειν)。"苏格拉底的言词包含这样一个预设:所谓的敬神就是敬城邦神,而敬城邦神就意味着必须接受那些诸神故事,包括那些关于神圣罪恶的故事。当然,苏格拉底在这里并没有明确表明他信不信城邦神,而只是说他不能接受那些关于神圣罪恶的故事。在《斐德若》中(229c - 230a),苏格拉底说,他没有足够的时间给出反驳这些诸神故事的理由,因为这本身是一个艰巨的任务。他的首要任务是"认识我自己",正如德尔菲神谕所暗示的,"如果我在搞明白这一点之前,又去调查别的事情,那就是荒唐的。这就是我没有在这上花费心思的

---

① 在《申辩》26c - 28a,苏格拉底极力表明自己相信诸神的存在,而只字未提类似这里的困惑。
② 色诺芬:《回忆苏格拉底》,吴永泉译,商务印书馆,1997 年,第1—2 页。

第三章 做神所做(5d7—6e9)

原因。人们一般怎么看待这些故事,我也就这样接受,正如我刚才所说的,与其搞清这些诸神故事,还不如认识我自己"①。

苏格拉底来门廊是为了回应米利都的传唤,他虽然知道自己遭受不敬神的指控,但是他仍然不知道米利都究竟是出于什么具体原因而提出指控。所以,当游叙弗伦大谈这些诸神故事的时候,他就主动提出了这一猜测。究其原因,正如苏格拉底在后面所提到的,他相信,诸神对每一样与人有益的事物负有责任(《游》15a1-2),因此,他很难想象诸神之间那些相互争斗的故事。从这一点来说,苏格拉底依然可以为自己辩驳,他并没有不敬神。他甚至还相信诸神,只不过他所相信的诸神具有道德的完满性。但是,苏格拉底是否真的相信诸神所有的作为都无可挑剔?相信诸神只会给人类带来美好的东西,或者是有益于人类?苏格拉底在说诸神故事时如此含糊,以至于读者很难一眼看清苏格拉底对诸神的真实态度。

那么,苏格拉底是否真的因为不相信那些神圣罪恶的诸神故事而遭受不敬神的指控?② 在《申辩》中,苏格拉底被控不信城邦神,信新的神灵(24b8-c1),而《游》说的则是制造(ποιοῦντα)新的诸神,不信原先的诸神(《游》3b1-3)。由此可以看出,苏格拉底似乎真的不信城邦神,也就是原先的神。至于不信的原因,苏格拉底在这里至少已经给出了一个理由,他不能

---

① 参见 John Cooper and Hutchinson, D. S. (eds.), *Plato: Complete Works*, Hackett Publishing Company, 1997, p.510。
② 也有研究者对此有不同意见。他们认为,一个人不太可能仅仅因为不相信这些神圣罪恶的故事或者向别人表达这一怀疑而遭受指控。要不然,就是雅典人太把这些诸神故事当回事了。参见 Jacques A. Bailly, *Plato's Euthyphro and Clitophon*, Focus Publishing, 2003, p.53。

接受关于诸神的神圣罪恶的故事。换句话说,他不能接受这样一种充满内在矛盾的诸神信仰。这样一种复杂的态度,似乎又表明,苏格拉底并不是一个无神论者。他没有否认诸神的存在,只是对诸神的某些特征有不同看法①。城邦诸神神话充满了种种不义的行为和特征,而且相互之间充满矛盾。苏格拉底试图想要做的,仅仅是消除诸神身上那些坏的特征,这是否可以称为对传统信仰的"革新"? 这些被改善的诸神是否能被称为"新神"? 如果真像传统信仰所认为那样,宙斯是正义之神,那么,苏格拉底对其不义行为的质疑和否定,恰恰完成了宙斯作为正义之神的本质。苏格拉底对传统诸神神话真实性的质疑,恰恰是以一种更本真的方式表达了他对城邦诸神的信仰。当然,苏格拉底的这种信仰,并不能获得雅典人的理解,在他们看来,对神话的质疑本身已经意味着某种不虔敬。

关于不敬神,苏格拉底在《申辩》中给出了第三种可能性(《申辩》20c4 - 24b2)。他向陪审员们解释,他之所以遭受指控是因为德尔菲神谕。凯瑞丰去德尔菲问卜,世上有没有谁比苏格拉底更聪明? 神谕回答,没有谁更聪明。面对神谕,苏格拉底的反应显然不同于普通人。"很长时间,我对神的启示都揣摩不透,万不得已我只好变着法子调查。我到一个被认为有名的聪明人那里,心想从他那儿,或从什么地方,可以验证一下这个神示,否定这个神给的答案……"(《申辩》21a7 - b3)苏格拉底最后发现,那些人并不像他们自己所认为的那么聪明。经过"这一番

---

① Maureen A. Eckert, *In Pursuit of Piety: A Translation and Interpretation of Plato's Euthyphro*, p. 70.

调查,无穷的敌意朝我袭来,极其尖酸刻薄,从中又产生了无数污蔑之辞……"(《申辩》22e6—23a3)于是,苏格拉底将自己遭受指控的原因归结为那些被审查的"聪明人"的恼怒和仇恨①。然而,苏格拉底探究神谕,这是作为哲人的一种典型反应。

  一位好的城邦民将法律看作是他行为的尺度和标准,而哲人则努力地听从自己的理性所告诉他的最好的东西(《克力同》46b)。他成为哲人的第一步就是去怀疑那些早已广为接受的真理。他认为,对于这种质疑而言,不存在任何正当的限制,除非那些限制对其探究的顺利进展是必需的。其灵魂的典型反应是惊异,而非自豪或羞愧(《泰阿泰德》115b)。更让他感兴趣的是生活的清晰性,而非生活本身(色诺芬《回忆苏格拉底》4.8.6—4.8.8)。既然他要寻求对事物不偏不倚的或客观的看法,他就要摆脱那种束缚着虔敬者灵魂的桎梏。正是这种摆脱引起了城邦民的极大愤怒,其程度远远超出其他任何揭露流行神话的行为(《法义》803b,804b)。他经常被怀疑与城邦的敌人是一伙的,因为,如果作为城邦民的所有忠诚都成了问题,那么,一位虔敬者必定难以设想如何从中找到一个立足点。如果这个立足点在某种程度上对他们而言是值得怀疑的话,就像阿里斯多芬的斯瑞西阿得斯(Strepsiades),

---

① Thomas C. Brickhouse and Nicholas D. Smith, *Plato and the Trial of Socrates*, p. 23.

他们就会感到有罪或极大的空虚(阿里斯多芬,《云》1474-1479,1505-1510)。然而,哲人对这种自由却欢喜雀跃。有时,他甚至将此看作是通往护佑之岛(the Isles of the Blessed)的桥梁(柏拉图,《王制》519c)。①

苏格拉底一方面以这种探寻的方式提出对神谕的质疑,另一方面,又以这一神谕作为自己的使命,"我必须以神发下的使命为重"(《申辩》21e4-5)。苏格拉底还多次强调,他这样做,完全是"遵照神的指示",并且"必须设法证明这条神谕是无可非议的"(《申辩》22a3-6)。但事实上,神谕并没有对苏格拉底发出这一指示,让他去做这一番调查。从这一意义上来说,苏格拉底已犯有假传圣旨的罪过。另一方面,对于大多数人而言,神谕本身就是无可辩驳的,根本不需要某个人来证明其正当性或正确性。相反,倘若一个人试图这样去做,那就已经犯下大不敬之罪名。苏格拉底在这番德尔菲神谕的申辩中,试图为自己的不敬神做出辩护,这一活动给我们传达了特殊的消息。透过苏格拉底的这番辩护,我们似乎可以更清楚地理解,苏格拉底为何遭受雅典民众不敬神的指控。

这样一来,关于苏格拉底的不敬神,我们至少可以理出三方面的可能线索:一是之前游叙弗伦提到的神灵示现;二是苏格拉底在这里提到的对诸神故事的质疑;三是苏格拉底在《申辩》中提到的对德尔菲神谕的探究。虽然我们仍然无法断定,苏格

---

① 刘易斯:《〈游叙弗伦〉义疏》,见柏拉图:《游叙弗伦》,顾丽玲编译,第79页。

拉底究竟因为什么而遭受不敬神的指控,不过,上述的几个方面至少为我们全面地思考这一问题提供了有益的线索。

3. 苏格拉底的神话

既然苏格拉底难以接受那些诸神罪恶的神话故事,那么,苏格拉底所认为的神话又应该如何来讲呢?

苏格拉底继续恭维游叙弗伦,"既然你对这类事情了如指掌,如今也认为这些事情是真的,看来,我们不得不承认了。但是,关于诸神,我们又承认自己一无所知①,那么,我们还有什么可说的吗?"随后,苏格拉底又一本正经地问游叙弗伦,是否真的相信这类事情发生过?游叙弗伦并没有被苏格拉底这种令人震惊的反应所影响,他似乎一点都不认为苏格拉底对诸神故事的这种怀疑是出乎意料的或者是"危险的"②。他也没有直接回答苏格拉底的问题,而是开始卖关子,"还有更稀奇的事,一般人都不知道哩"(6b5)。苏格拉底进一步表达他的怀疑,诸如诗人和画家们所描绘的那些诸神故事都是真的吗?游叙弗伦仍然急于

---

① 苏格拉底经常否认自己知道关于美德的知识,有时甚至否认知道任何知识。《拉克斯》186b8 - c5,186d7 - e3,200e2 - 6;《吕西斯》212a4 - 7,223b4 - 8;《希琵阿斯后篇》286c8 - d3,304b7 - c1;《游叙弗伦》5a3 - 9,15c11 - d4,15e5 - 16a4;《美诺》70c3 - 71c4,86b6 - c6,100b2 - c2;《申辩》20b4 - e8,21b3 - e2,23a5 - c1;《卡尔米德》165a7 - c3,166c7 - d6;《高尔吉亚》508d5 - 509b5;《王制》337d1 - 338c4;《会饮》216c5 - 217a2;《忒阿格斯》128b2 - 4。参见 Jacques A. Bailly, *Plato's Euthyphro and Clitophon*, pp. 54 - 55。

② Thomas C. Brickhouse and Nicholas D. Smith, *Plato and the Trial of Socrates*, p. 25.

炫耀,如果苏格拉底愿意,他还能讲上一大堆这类故事,准保苏格拉底听了大吃一惊。

可以看到,一方面,游叙弗伦一直以诸神事宜方面的专家自居,确实很想借此炫耀自己。另一方面,从游叙弗伦的这两次反应,我们可以看出,游叙弗伦自己对虔敬的看法又回到了传统虔敬观。他与大多数人一样,相信那些包含这类诸神故事的习俗虔敬观,所不同的,只是他比别人知道更多的这类诸神故事。因此,虽然在第一个定义中,游叙弗伦试图超越大多数人的虔敬观,将虔敬定义为做神所做。经过苏格拉底的一番追究,透露出游叙弗伦的虔敬思想,其根基还是落在习俗虔敬观上。

游叙弗伦认同这种广为接受的诸神故事,要么游叙弗伦本人确实跟其他人一样相信这些故事真的发生过,要么是为了拉近与大多数人的距离。游叙弗伦虽然自恃清高,看不起大多数人,但又期望从这些人那里得到认同。因此,他自己也不得不认同这些被人们广为接受的诸神故事。倘若游叙弗伦的自夸仅仅只是言词上的,那么他的自夸对大多数人来说就是无关紧要的。然而,现在他却是要将自己的"高人一等"之处付诸行动,打算指控自己的父亲。苏格拉底看到了这一点,试图阻止游叙弗伦这一鲁莽行为。

游叙弗伦准备向苏格拉底夸耀自己对诸神故事的熟知,苏格拉底制止了他的念头,把话题重新拉回到虔敬问题上。

之前苏格拉底怀疑,游叙弗伦是否真的那么确信自己知道有关诸神事宜(《游》4e4-5),在这里,苏格拉底则明确强调,我们承认自己对诸神一无所知。既然一无所知,那么确实没"什么可说的"。但苏格拉底还假惺惺地恳求游叙弗伦"看在友谊之神

第三章 做神所做（5d7–6e9）

的份上，你就告诉我吧，你真的认为这类事情像你说的那样发生过？"这种明显的自相矛盾，特别值得注意。倘若苏格拉底真的对诸神一无所知，那么他知道的又是什么？①

至此，苏格拉底对诸神的态度并不明了，更多的只是表达了苏格拉底对诸神事宜的困惑。关键在于，苏格拉底只是对着游叙弗伦这样特殊的个体才提出自己的困惑。何况，苏格拉底在这里提出诸神故事的不可信，目的还在于质疑游叙弗伦告父亲这一做法。

苏格拉底在讲述这些诸神故事时，如何把握恰当的尺度？倘若我们明白《王制》中所说的两种故事的区分（《王制》376e–380c），这一点就不难理解。苏格拉底说故事有两种：一种是真的；一种是假的。为了让儿童受到有益于心灵的教育，首先就要审查故事的编者，接受那些编得好的故事，拒绝那些编得坏的故事。接着，苏格拉底谴责了赫西俄德和荷马以及其他诗人编的那些丑恶的假故事，他们将最伟大的神描写得丑恶不堪，苏格拉底认为这简直荒唐至极。其中就提到，赫西俄德所描绘的乌拉诺斯的行为，以及克洛诺斯对他的报复行为，还有克洛诺斯的所为与其儿子宙斯对他的行为。苏格拉底认为，即使这些故事是真的，也不应该随便讲给天真单纯的年轻人听。如果非讲不可的话，也只能允许极少数的人听。城邦里面不应该多讲这类故事，要不然，年轻人听了会有这样一种想法，对于一个大逆不道甚至想尽方法来严惩犯了错误的父亲的人也不要大惊小怪，因

---

① 这是苏格拉底的悖论之一：人们显然从他那儿学到东西，而他却否认教授或知道这些东西。参见 Jacques A. Bailly, *Plato's Euthyphro and Clitophon*, p. 55。

为他不过是仿效了最伟大的头号天神的做法而已。游叙弗伦正抱有这样一种想法：他指控父亲的行为不过是对伟大宙斯的模仿。同时，苏格拉底提出，绝不能让年轻人听到诸神之间明争暗斗的事情，也不应该把诸神或巨人之间的争斗，把诸神与英雄们对亲友的种种怨仇作为故事和刺绣的题材。正是这样一类故事使得游叙弗伦自以为指控父亲理所当然。可以这样说，苏格拉底表达对诸神故事的困惑相当审慎，而游叙弗伦的津津乐道，对于传统的诸神的信仰却非常危险。苏格拉底竭力想要制止这样的事情发生。另一方面，我们可以追问，游叙弗伦现在这种目空一切的姿态，除去天性上的特点，在多大程度上是教育导致的结果。究竟是谁在教育，是谁败坏了游叙弗伦这样的年轻人？对比《游叙弗伦》与《王制》的描绘，不难发现，事实上，败坏青年的并非苏格拉底，相反很可能是那些编写诸神故事的赫西俄德、荷马等诗人们。

那么，苏格拉底的诸神故事应该如何来讲呢？诸神故事应该写出神之所以为神即神的本质，无论在史诗、抒情诗，或悲剧诗里，都应该这样描写（《王制》379a）。具体来说，神只能成为好的事情的原因，而绝不能成为坏的事情的原因。这也就是前面所说的，诸神对人类一切好的事物负有责任。苏格拉底最后总结，这得成为关于诸神的法律之一、标准之一。讲故事也好，写诗也好，都得符合这一标准。不论神的本质是否存在，从教育的意义上看，诸神的故事必须有益于共同体中个人的成长，有益于城邦生活，才具有存在的合理性。至此，我们至少可以明白，苏格拉底为何不能接受那些关于神圣罪恶的故事，而且，也明白苏格拉底如此讲诸神故事的用意所在。

包含神圣罪恶的诸神故事并不能为传统虔敬观提供可靠的内在依据,由此可以理解,苏格拉底为何无法接受这些故事。在《王制》中,柏拉图给出了诸神故事的正当性问题,并且教导别人应该如何正确地编写和讲述这些诸神故事。

4. 自然化,抑或伦理化

在对待诸神的态度方面,苏格拉底没有公开否认传统的诸神信仰,亦不赞成自然哲学家将诸神作自然化的理解,而是将诸神作了伦理化的理解,也就是说,把人类善的标准与诸神自身相联系。

正如西塞罗所说,苏格拉底首先把哲学从天上召唤下来,寓于城邦之中,甚至引入家庭,迫使哲学思考人生和道德、善与恶。他把哲学引向日常生活的主题,以便探索德性与恶行,以及普遍的善与恶,并使我们认识到,天上的东西,无论是我们的知识遥不可及的还是别的什么,纵然完全为我们所知,也与善的生活毫无关系[1]。本森(Benson)则将苏格拉底哲学的核心要旨直接归结为善。只有在苏格拉底那里,德性作为一种知识或专门技艺,与其他任何知识或专门技艺一样,既可实践,亦可学习。而德性的对象就是善,这是它与其他技艺的根本区别所在[2]。

在古希腊,确实有一批思想家,他们将诸神排除在了世界图

---

[1] 转引自泰勒主编:《从开端到柏拉图》,韩东晖等译,中国人民大学出版社,2003年,第368—369页。
[2] 同上书,第369页。

景之外。从阿那克西曼德到德谟克利特,在他们对世界的讨论中,没有出现诸神的名字,也没有给诸神安排特殊的位置。在他们看来,自然就是世界的整体,在自然之外,并没有超越的诸神。然而,这并不意味着,他们就是反宗教的无神论者,他们只是试图将神消融于自然之中。克塞诺芬尼、赫拉克利特和第欧根尼,都曾将宇宙的这种合乎理性的秩序称之为"神"①。

这种自然哲学的神学态度,曾经一度与苏格拉底的形象联系在一起。这种误解主要是由于阿里斯托芬的《云》造成的。在那里,苏格拉底被描绘成向别人教授自然哲学。事实上,苏格拉底对自然哲学持有一种否定态度。柏拉图在《申辩》中就否认了这种对苏格拉底的诽谤,阿里斯多芬将其描绘成一个悬在空中的篮子中的一个人物,而苏格拉底在申辩中称自己对这些事情全然不知。在《拉克斯》(198-199)篇中,尼西阿斯由于受到苏格拉底的道德教导,全力以赴投入伦理探求,使他对自然哲学、形而上学、知识论、本体论或者其他排除在道德哲学领域之外的探究都不再感兴趣。这也从侧面说明了苏格拉底关心的是伦理道德,而非自然神学。而色诺芬笔下的苏格拉底,如前文所说,不但不是隐秘的自然哲学家,甚至对自然的探求持一种蔑视的态度②。

在宗教问题上,苏格拉底既不完全认同传统的诸神信仰,也不主张将其作自然化的理解。传统宗教故事中所包含的邪恶和矛盾的因素,决定了这样一些形象的诸神,不可能为城邦

---

① 除了阿那克萨戈拉。在他的残篇中,从来没有将这个创造世界的规范性的理智称作"神"。
② 色诺芬:《回忆苏格拉底》,吴永泉译,第4页。

◎ 第三章 做神所做（5d7—6e9）

的伦理生活提供超越而可靠的根据。如果这一宗教信仰对城邦来说，仍然是必需的，那么就需要让诸神的形象回复到诸神之为诸神的本质。苏格拉底认为诸神只能是善的事物的原因，他们只能对善的事物负责。这样的诸神形象与传统城邦诸神显然不同。苏格拉底使诸神经过这种"革新"，符合了它们真实的本质。实际上，经过这种"革新"，诸神被道德伦理化了，成为道德的象征和原因。这种要求，对编造诸神故事的诗人来说，是不可想象的。在他们的笔下，人与神是两个层次的事物，诸神的所作所为不受道德的约束，人们可以在某种程度上讨厌诸神的某些做法，但又不得不对诸神保持虔敬。而苏格拉底将这种隔膜打通了。诸神仍然是超越的，但他们同时是理性的、道德的。伊奥尼亚学派通过理性化诸神而使其成为自然的。苏格拉底真正关心的，却是城邦的伦理生活，这就决定了他不可能像伊奥尼亚学派那样，创造一种自然神学。他试图要做的，是创造一种道德神学，将诸神概念置于伦理思考中，将人类善的标准与诸神自身相联系。柏拉图在《王制》第二卷中，将其称为"神学提纲"。

然而，宣称诸神只能成为好的事情的原因，这并不容易得到雅典人的同情。在那个时代的许多思想家看来，让诸神符合人的道德标准，这本身就是对诸神超越性格的某种否定。赫拉克利特就曾认为诸神超越了善恶的差别，不能以善恶来判断。亚里士多德也认为以道德的特征来描绘一个神，这种做法恰恰使神变得卑下（《伦理学》1178b8），因为他需要符合人的标准。而苏格拉底则相反，他无法忍受人神的双重标准。在他看来，诸神作为传统城邦生活的引领者，如果要继续担当起这样的角色,必须自身就是善的,才能成为真正的善的原因。混乱的神性,在一个已经可以对神的作为加以质疑或直接效法的时代(正如游叙弗伦所做的),必将导致同样混乱的人际生活。因此,如果苏格拉底想要将道德世界合理化,就像伊奥尼亚自然哲学家将物理世界合理化,那么他就必然要将这种伦理道德的根据归结在诸神那里。这样一种对诸神的要求,也许在当时确实具有某些"僭越"的特征,但在苏格拉底看来,却使诸神获得了真正的本质。

5. 澄清问题

从前面的回合可以看出,苏格拉底越是表达对诸神故事的怀疑,游叙弗伦越急于表现自己在这方面的知识。不过,苏格拉底没有给游叙弗伦表现的机会,他又将话题拉回到虔敬问题上。

苏格拉底责怪游叙弗伦没有回答他的问题,而只是说,他现在正在做的这件事即指控父亲就是虔敬。接着苏格拉底让游叙弗伦承认,还存在着许多其他的虔敬行为。苏格拉底坚持,他想知道的并不是一两件虔敬的事,而是所有虔敬的事之所以虔敬,它的理型是什么?在《游叙弗伦》5d4-5,苏格拉底提出,"凡不虔敬(ἀνόσιον),都有一个什么理型(ἰδέαν)吧",这是苏格拉底在这篇对话中第一次提出理型问题,接着就是这里具体提到,"正是按照一个理型(μιᾷ ἰδέα),凡不虔敬的事不虔敬,凡虔敬的事虔敬"。εἶδος这个希腊文,字面意思就是

第三章 做神所做（5d7—6e9）

"理型"，一个事物的理型就是被心灵之眼睛看到的东西，这时看到的就是它本身①。因此，对于"什么是虔敬"这样一个问题，倘若别人能够举出一大堆关于虔敬的例子，甚至所有例子，也不会令苏格拉底感到满意。他想追问的是虔敬之为虔敬其本质是什么？苏格拉底后面以同样的理由反驳了游叙弗伦的第二个定义。

需要补充说明的是，关于理型的问题。艾伦（Allen）曾提出这样的观点，柏拉图早期对话如《游叙弗伦》中关于理型的理论与中期对话如《斐多》、《理想国》有所不同。中期对话有一个显著的特征就是两个世界的划分：一个是知识的世界，其内容就是永恒的理型；与之相对的是意见的世界，其内容是感性的、可变的。中期的理型思想基于回忆说以及知识与意见之间的截然对立。中期对话没有抛弃"什么是A"这样的问题，但它们从新的本体论出发来探求。这个新的本体论基于两个原则：一则理性灵魂的不朽性和神圣性；二是知识对象的完全真实性和永恒性。用康福德（Conford）的话来说，这两者是柏拉图主义的核心所在。它们之间的联合就是回忆说，事物的真理总是在灵魂之中。这个高层建筑所依赖的基础便是理型论，其理型论暗示可感对象的那种弱势的真实性及外表的缺陷。这些在早期对话中是没有的。然而，布克（Burke）等学者则认为早期与中期之间没有那种明显的跨越。当然，即使从这种发展论的眼光看，柏拉图在《游叙弗伦》这部早期对话中对虔敬之理型的追问，无疑被很

---

① Thomas G. West and Grace Starry West, *Four Texts on Socrates—Plato's Euthyphro, Apology, and Crito and Aristophanes'Clouds*, Cornell University Press, 1995, p.46.

多学者视为理型论的雏形①。

倘若我们结合对话开头的戏剧情境来考虑这一问题的话,正确地回答这一问题显得更为迫切。对苏格拉底而言,对虔敬的清晰定义可以用来检验他的生活和行为是否真的不敬神;对游叙弗伦而言,对虔敬的清晰定义可以证明他指控父亲的行为是否正当,从而解决他与家人之间的争论。于是,苏格拉底提出,必须要探究虔敬的理型才能解决这些问题。在后面的两次定义中,柏拉图进一步澄清了一些人们在这一问题上易犯的错误,并将虔敬问题后面所隐藏的种种复杂的关涉逐步呈现出来。

---

① Plato, *The Dialogues of Plato*, Volume 1, *Euthyphro*, *Apology*, *Crito*, *Meno*, *Gorgias*, *Menexenus*, Translated with comment by R. E. Allen, Yale University Press, 1984, pp. 38 – 39.

第四章

为神所喜(6e10 – 11e5)

游　[e10]那么，为神所喜就是虔敬，[7a]否则就不虔敬。

苏　简直太棒了，游叙弗伦！你回答了我想要你回答的东西。这个回答究竟对不对，我还不知道。不过，显然你会教会我，你所说的是对的。

游　[a5]那当然。

苏　那快点，我们来检验一下刚刚说的。为神所喜的事（θεοφιλές），为神所喜的人（θεοφιλὴς），都虔敬；为神所恶的事（θεομισές），为神所恶的人（θεομισὴς），都不虔敬。虔敬与不虔敬不仅不相同，还彼此对立哩。难道不是这样？

游　[a10]的确如此。

苏　说得还在理吧？

游　[7b]我觉得在理，苏格拉底。

苏　那么，我们刚刚不是说诸神相互争吵吗？游叙弗伦，他们彼此不合，还说在诸神中，有些神对另一些神充满敌意？

游　[b5]的确这么说过。

苏　究竟是什么使他们意见不合，我的好人，引起他们的敌意和愤怒？我们来看一下，如果我跟你对两组东西哪组数量更大些有分歧的话，这种分歧会让我们彼此充满敌意和愤怒呢，[b10]还是说，至少对诸如此类的问题，我们可以通过计算[7c]马上解决？

◎ 第四章 为神所喜(6e10-11e5)

游　没错。

苏　假如我们对东西的大小有分歧,我们可以通过测量,很快停止[c5]分歧,是不是?

游　的确如此。

苏　假如我们要想确定哪个重、哪个轻,我想可以通过称重来解决,是吧?

游　当然。

苏　[c10]那么,究竟是什么使我们意见不合,对什么样的决定我们无法达成一致意见,而只会让我们彼此充满敌意、怒目相向?或许你一时想不出来,你看,我[7d]说的算不算这类东西:正义与不义,高贵与卑贱,好与坏。你我和所有其他人不正是因为对这类事物意见不合,无法得出一个满意的仲裁,才变得彼此敌对?

游　确实,苏格拉底,正是对这些事物意见不合。

苏　那诸神又怎样呢,游叙弗伦?他们要是意见不合的话,不也是因为这类事物而意见不合吗?

游　[d10]那肯定。

苏　[7e]那么,在诸神中间,高贵的游叙弗伦啊,按照你的说法,有些神认为某些东西是正义的,有些神则不这么认为。对高贵与耻辱、好与坏也是如此。显然,要不是对这类事物意见不合,他们就不会彼此充满敌意,是不是?

游　[e5]你说得在理。

苏　那么,只要他们自己认为是高贵的、好的和正义的,他们必定就喜爱,而对那些相反的事物,他们就讨厌,是不是?

游　正是如此。

苏 但对同样的事物,就像你说的那样,有些神认为正义(δίκαια),[8a]有些则认为不义(ἄδικα)。他们就因为对这类事物意见不合而彼此争吵,彼此斗争。难道不是这样吗?

游 是这么回事。

苏 那么,同样的事物,看起来既被神所厌恶(μισεῖταί),又被神[a5]所喜爱(φιλεῖται),也就是说,同样的事物既为神所恶(θεομισῆ),又为神所喜(θεοφιλῆ)。

游 看来是这样。

苏 照这样说来,游叙弗伦,同样的事物既虔敬,又不虔敬。

游 有这种可能。

苏 [a10]我刚才的提问,你还是没回答,令人钦佩的人呦(ὦ θαυμάσιε)。我并没有问,什么东西刚好既虔敬又不虔敬,就好像说,什么东西既为神所喜又为神所恶。[8b]这样的话,游叙弗伦,你现在做的这件事,指控你父亲,假如你做这事为宙斯所喜,而为克洛诺斯(Κρόνῳ)和乌拉诺斯(Οὐρανῷ)所恶,为赫菲斯托斯(Ἡφαίστῳ)所喜,而为赫拉(Ἥρᾳ)所恶,就不足为怪了。对于另外一些[b5]神而言,如果他们对这件事彼此意见不合,同样不足为怪。

游 不过我认为,苏格拉底,在这一点上没有哪些神会跟别的神有不同意见,至少谁不义地杀了人就必须受到惩罚。

苏 [b10]那么人的情形又如何呢?游叙弗伦,你难道听说过什么人[8c]为此争论,一个人不义地杀了人,或不义地干了其他坏事而不用受惩罚的吗?

游 他们当然没停止过这样的争论,尤其在法庭上。因为,哪怕

第四章　为神所喜(6e10－11e5)

他们干了很多不义的事,[c5]但为了逃避惩罚,没有什么他们不愿做、不愿说的。

苏　游叙弗伦,他们会不会承认自己做了不义之事,却仍然声称自己不必受惩罚?

游　那倒不会有人这么说。

苏　那么,他们就不会做些什么,不会说些什么。[c10]我看,如果他们真做了不义之事,他们就不敢说他们不必受惩罚。但是,依我看,[8d]他们会说,自己没有做不义之事,是不是?

游　你说得对。

苏　那么,他们不会争论这个[d5]做了不义之事的人该不该受惩罚;他们会争论的只是这个做不义之事的人到底是谁,究竟是什么不义之事,什么时候干的?

游　你说得对。

苏　诸神的情况不也如此吗?按你的说法,他们真的会为正义和不义之事而发生争吵,[d10]有些神说另一些神做了不义之事,而那些神又声称没做。老实说,令人钦佩的人哟,不管是神还是[8e]人,没有谁敢说,一个做了不义之事的人不该受惩罚的。

游　确实,苏格拉底,你说的至少大体是对的。

苏　不过,我觉得,游叙弗伦,争论者无论是人[e5]还是神,如果神也争论的话,都是争论某件做过的事情。他们因某件事情而意见不合,有些认为这件事做得合乎正义,有些认为不合正义,是不是?

游　的确如此。

苏 [9a]来吧,亲爱的游叙弗伦,教教我吧,让我变得更聪明些。你有什么证据说,所有的神都认为那位雇工死得冤枉?这位雇工杀死了家中的一位奴隶,就被死者的主人捆绑起来,那捆绑的人派人到解经师那里询问该如何处置,结果没等问回来,[a5]雇工就因捆绑而死了。于是,为了这个雇工,儿子要告他的父亲,说他犯了谋杀罪,你怎么证明这么做是对的?快点,跟我[9b]讲清楚些,所有的神都确实认为你的这种做法是对的。如果你能给我讲清楚,那我对你的智慧赞不绝口。

游 这可不是件容易办到的事噢,苏格拉底,[b5]不过我可以非常清楚地证明给你看。

苏 我明白了。你的意思是,我在学习方面要比那些法官愚钝得多,显然你可以向他们清楚地证明诸如此类的事情是不义的,而且所有的神都厌恶这类事情。

游 当然可以清楚地证明,苏格拉底,[b10]只要他们能听我的。

苏 [9c]如果你说得好,他们会听的。不过,刚才你这么说的时候,我有这样的想法,我对着自己思忖:"即使游叙弗伦能清楚地教会我,所有的神认为那雇工的死是不合正义的,难道我就能[c5]从游叙弗伦那儿学到更多一些,什么是虔敬,什么是不虔敬?因为,虽然这一行为很可能为神所恶,但显然并不能以此来恰当地说明虔敬与不虔敬的定义。因为,为神所恶的东西显然同时也可以是为神所喜的东西。"关于这一点,暂且放你一马,游叙弗伦。你要愿意,尽管这么说,所有的神都认为[9d]这是不义的,所有的神都厌恶这种行为。不过,现在我们得修正一下说法:所有神都厌恶的东西就不虔敬,所有神都喜爱的东西就虔敬。但是,那些既为有些神所喜爱又为有些神所厌恶的东西,要么既不虔敬又非不虔敬,要么既虔敬又不虔敬?你是不是[d5]希望我们这样来定义虔敬与不虔敬呢?

游　有何不可呢,苏格拉底?

苏　对我而言,当然没问题,游叙弗伦。不过,考虑一下你自己,假如这样来定义,你是不是更容易教会我你答应教我的东西呢?

游　[9e]我可以肯定地说,所有神都喜爱的东西是虔敬的,所有神都厌恶的东西是不虔敬的。

苏　我们还是重新来考虑一下,这说得在不在理,游叙弗伦?[e5]或者就按我们自己说的或别人说的,我们就毫无疑惑地接受,只要有人这样说,我们也就认了这一点?还是我们得自个儿考虑一下说话者的说法?

游　必须考虑的。不过,我觉得我这会儿说得很在理。

苏　[10a]我的好人哟,我们很快就能搞明白。这样来想一下:虔敬究竟是因虔敬而为神所喜呢,还是因神所喜才虔敬?

游　我不明白你说的什么意思,苏格拉底。

苏　[a5]看来我得尽量把话说得更清楚些。我们不是说被运载的与运载、被引领的与引领、被看见的与看见,你知道所有这类说法彼此不同,而且知道不同在哪里?

游　我想我明白了。

苏　[a10]那么,被喜爱的东西也不同于喜爱,是不是?

游　当然不同。

苏　[10b]那么请告诉我,被运载的东西是因为被运载而成为被运载的东西,还是因为别的什么原因?

游 不,就因为被运载。

苏 那么,被引领的东西就因为被引领,被看见的东西就[b5]因为被看见,是不是?

游 那当然。

苏 那么,一件东西被看见不是因为它是被看见的东西,而是因为被看见,它才成为被看见的东西。被引领不是因为它是被引领的东西,而是因为它被引领,才成为被引领的东西。被运载不是因为它是被运载的东西,而是因为它被运载,它才成为被运载的东西。我的意思已经够清楚了吧,游叙弗伦?[10c]我的意思是,一件东西之所以变成这件东西,或者受到影响,并不是因为它是变成的东西而成为这样,而是因为它变成这样,它才成为变成的东西。它受到影响,也不是因为它是受到影响的东西,而是因为它受到影响,它才成为受到影响的东西。或者你并不同意这么说?

游 [c5]我同意。

苏 被喜爱的东西要么变成被喜爱的东西,要么被喜爱,难道不是吗?

游 那当然。

苏 那么,跟前面的情况一样,一件东西被喜爱,[c10]不是因为它是被喜爱的东西,而是因为它被喜爱,它才成为被喜爱的东西。

游 那肯定。

苏 [10d]那么,我们刚才说的虔敬又如何呢,游叙弗伦?按你的说法,它就是为所有的神喜爱?

◎ 第四章 为神所喜(6e10 – 11e5)

游 是的。

苏 虔敬之所以虔敬,是因为它本身虔敬呢,还是因为别的什么?

游 [d5]不,就因为它虔敬。

苏 也就是说,因为虔敬而被喜爱,而不是因为被喜爱而虔敬?

游 看来是这样。

苏 但事实上,一件东西之所以是被喜爱的东西(φιλούμενόν),为神所喜(θεοφιλές),仅仅只是因为它[d10]被神所喜爱(φιλεῖται)。

游 怎么不是这样呢?

苏 那么,为神所喜就不是虔敬,游叙弗伦,而虔敬也不是为神所喜,按你的说法,这两者彼此不同。

游 [10e]怎么会这样呢,苏格拉底?

苏 因为我们同意,虔敬的东西被喜爱是因为它虔敬,而非因为被喜爱它才虔敬,是不是?

游 是。

苏 [e5]而且,为神所喜的东西(θεοφιλές)之所以被神所喜爱(φιλεῖται),是因为被喜爱(φιλεῖσθαι)才为神所喜(θεοφιλές),而非因为为神所喜(θεοφιλές)才被喜爱(φιλεῖσθαι)。

游 你说的对。

苏 但是,如果为神所喜与虔敬是同一回事,我亲爱的游叙弗伦,[e10]那么,一方面,如果虔敬因虔敬而被喜爱,[11a]那么,为神所喜也会因为神所喜而被喜爱;另一方面,如果为神所喜的事物是因被神所喜爱而为神所喜,那么,虔敬也会因被神所喜爱而虔敬。不过,现在你来看,这两种情况刚好相反,因为它们彼此完全不同。[a5]一种因为被喜爱而成为被喜爱的东西,另一种因为它是被喜爱的东西而被喜爱。游叙弗伦,也许问你什么是虔敬时,你并不想告诉我它的本质(οὐσίαν),而只是说到它的某种属性(πάθος):虔敬能被所有的神所喜爱。[11b]它究竟是什么,你还是没说。如果你乐意的话,不要对我有所隐瞒,还是从头开始说,什么是虔敬。不管它是否被神所喜爱,或者受到别的什么影响,在这一点上,我们没有分歧。好好说,究竟什么是虔敬,什么是[b5]不虔敬?

游　但是,苏格拉底,我不知如何向你说明我的意思。只要我们提出一个什么说法,它总是绕着我们转,不肯在我们确立它的地方安顿下来。

苏　你的说法哟,游叙弗伦,倒很像我的老祖宗(ἡμετέρου προγόνου)[11c]代达洛斯(Δαιδάλου)。要是那些说法是我提出的,并把它们确立下来,你准笑话我了,说我不愧是代达洛斯的后代啊,所以我的说话作品也老是打转,不肯在我确立它们的地方安顿下来。这回可好,[c5]这些说法可都是你的,看来得换个笑话才行。这些说法总不肯为你安顿下来,你自己也看到了这一点。

游　我倒认为,苏格拉底,刚好用得上这个笑话。其实,让这些说法老是打转停不下来,并不是我让它们如此。[11d]相反,依我看啊,你才是代达洛斯。要是我的话,它们早就安顿下来咯。

苏　这么看来,我的好人哟,在这门技艺上,我比老祖宗还厉害

◎ 第四章 为神所喜(6e10-11e5)

哦。他呢,只是让他自己的作品[d5]停不下来,而我呢,看来不仅让自己的作品停不下来,还让别人的作品也停不下来呢。而且,对我来说,最绝的就是,我没有想要如此,却偏偏这么厉害。我不要[11e]代达洛斯的智慧,也不要坦塔洛斯(Ταντάλου)的财富,而宁愿让我的话能稳靠下来,别再打转。这些就不多说了。既然我觉得你有些娇气,我就使把劲,帮你一把,好让你教会我,到底什么是虔敬。你别泄气,你看,[e5]你是不是认为,所有虔敬的都是正义的?

1. 为神所喜

苏格拉底非得让游叙弗伦告诉他,虔敬的基本理型是什么(6d10-11)?于是,游叙弗伦给出了他的第二个定义,为神所喜就是虔敬,否则就不虔敬。

从这个答案看来,游叙弗伦似乎从某种程度上理解了苏格拉底的建议:要给出一个本质性的定义。因为,游叙弗伦的第二个定义是个普遍陈述,它至少在逻辑上有可能合乎苏格拉底的要求。如果所有的神都喜欢同一个事物,那么,"为神所喜"就能成为虔敬的普遍特征。但正是在这一点上,游叙弗伦把自己给绊住了。

苏格拉底似乎很高兴,说游叙弗伦正好回答了他的问题。至于这个答案到底对不对,还不能下定论。不过,他肯定游叙弗伦一定会讲明白,为何这个定义是对的。游叙弗伦显然很得意,"那当然",好像非常有把握。苏格拉底显得很兴奋,拼命催促游

叙弗伦将这个定义彻底搞明白,他先将游叙弗伦的定义具体化为:

> 为神所喜的事(θεοφιλές),为神所喜的人(θεοφιλὴς),都虔敬;为神所恶的事(θεομισές),为神所恶的人(θεομισὴς),都不虔敬。虔敬与不虔敬不仅不相同,还彼此对立哩。(《游》7a6–9)

从表面来看,苏格拉底不过复述了游叙弗伦的定义。其实,在此过程中,苏格拉底已经修改了定义,并以这种方式来揭示游叙弗伦的定义可能存在的错误。游叙弗伦的第二个定义包含这样一种意味,不为神所喜的一定不虔敬。但事实上,不为神所喜不一定为神所恶,而用苏格拉底的话来说,只有那些为神所恶的才不虔敬。有些事情,既不为神所喜,又不为神所恶,对这样的事情而言,根本谈不上虔敬不虔敬。因此,对于一般的事情而言,虔敬还是不虔敬,并不是非此即彼的关系。

游叙弗伦完全接受苏格拉底这一具体化的解释,显然没有发现其中所作的修正。事实上,游叙弗伦对自己所说的话,似乎从来都没有真正深究过,因此根本无法意识到自己的话与苏格拉底的话有什么差异。

苏格拉底接下来的言词,主要目的在于一步步地揭露第二个定义中隐含的问题。接下来,我们先看第一个论证。

(1) 区分对两类事物的意见。跟往常一样,苏格拉底并没有急于捅破游叙弗伦的错误。苏格拉底首先给出了一个讨论的前提,即前面所说的,诸神之间意见不合。诸神究竟因什么而意

第四章 为神所喜(6e10—11e5)

见不合呢?苏格拉底显然掌握了主动权,他并没有让游叙弗伦直接回答,而是由他自己来引导论证。苏格拉底首先确定了这一点,即关于事物的数量、大小和轻重这类事物不会引起人们意见不合。人们对这类事物的意见分歧完全可以通过计数、测量和称重的方式得到解决(《游》7b6-7c9)。随后,苏格拉底向游叙弗伦摊牌,真正让人们意见不合的是另一类事物,也就是诸如正义与不义、高贵与耻辱、好与坏这样一类事物。游叙弗伦一时也想不出其他说法,只好同意苏格拉底的说法。

后一类事物关乎人的现实伦理生活,而这正是作为道德哲学开端的苏格拉底一贯关注的主题。前一类事物不直接关涉个人或共同体的伦理生活,而且此类问题可以通过数学等自然科学的方式得以解决。在人的伦理生活中,是否也存在着类似自然科学那样的标准呢?柏奈特认为,苏格拉底在这里正是在作这样一种努力。不过,在笔者看来,苏格拉底这里的探讨不可能是为了在伦理生活中找到类似的标准,这显然是不明智的。现实生活是一个充满矛盾的复合体,每个历史事件或个体的实践行为都有其特殊的生存处境。正义与不义、高贵与耻辱、好与坏作为人类伦理生活的基本主题,关于它们的争论无法得到一劳永逸的解决,而只能在特定的历史处境下达至一种相对平衡的状态。在这里,柏拉图不过是揭示了人类生活的内部紧张。

(2)诸神也因后一类事物意见不合。之前,游叙弗伦从神(宙斯)来论证人(他自己)。在这里,苏格拉底从人来论证神:人类因这类事物而意见不合,那么诸神必然也因这类事物而意见不合。需要注意的是,苏格拉底这里用了虚拟语气:如果诸神意见不合的话,肯定也是为这类事物。此前,苏格拉底已经表达了自己的怀疑,他不能接受诸神彼此不和、大打出手的故事。所以,在后面的对话中,苏格拉底用词非常审慎。对类似这样一些地方,他经常用"按照你的说法"(7e2)、"像你说的那样"(7e9,8d9)这些措辞。从这些表达的背后,我们不难发现,苏格拉底对游叙弗伦的说法有所保留。只不过,他没有将之当场捅破,而是通过对话的进展,让游叙弗伦自己推翻自己的说法。

(3) 同样的事物既虔敬,又不虔敬。按照一般的理解,诸神对其认为的高贵的、好的和正义的事物必定会喜爱,而对那些相反的事物就会讨厌(7e6 - 8)。现在的问题是,诸神看待好与坏的标准并不一致。对同样的事物,有些神认为正义、有些神则认为不义。诸神正是因此而意见不合,彼此争吵(7e9 - 8a2)。这样一来,"同样的事物,看起来既被神所厌恶(μισεῖταί),又被神[8a5]所喜爱(φιλεῖται),也就是说,同样的事物既为神所恶(θεομισῆ),又为神所喜(θεοφιλῆ)(8a4 - 5)"。于是,同一事物可能既虔敬,又不虔敬。在这里,柏拉图间接地将正义与虔敬等同起来,诸神喜爱正义的东西,而虔敬就是诸神所喜爱的东西。这种暗含的等同因经常使用"正义"这个词而不断得到强化——从 7e - 9a 这段对话中出现了 22 次①。在后面,柏拉图通过将虔敬定义为正义的一部分,而为虔敬之探讨设定了一个前提,即虔敬必须合乎正义(《游》11e5 - 12e8)。如果说,先前游叙弗伦将虔敬与正义相混淆是出于无意(《游》5e5 - 6a4),那么在这里,苏格拉底则是有意将虔敬与正义相联系,以便为此后进一步的探

---

① Noel B. Reynolds, *Interpreting Plato's Euthyphro and Meno*, Charles E. Merrill, p. 45.

讨埋下伏笔。将虔敬规定于正义范围之内,也是这篇对话的重要贡献所在。

在这番短短的对话中(7d8-8a9),游叙弗伦一开始还信心十足(7d10,7e5,7e8),随着苏格拉底步步推进的探讨,越来越显得没底气(8a6,8a9)。就好像从自以为是的理想天庭被苏格拉底一步步地拉回了充满矛盾和冲突的人间。游叙弗伦自以为高高在上,可以傲视群生,结果却发现,无论是对天上的事情还是地上的事情,都显得那么无知。

游叙弗伦将虔敬定义成"为神所喜"。但不同的神有不同的喜好,对同一事物也有不同的看法。于是,同一事物,可能既虔敬又不虔敬。游叙弗伦尝试作一个新的定义,这个新的定义却矛盾重重。随着苏格拉底的引导,游叙弗伦又对这个定义作了进一步修正。

2. 指控父亲的根据

游叙弗伦退了一步说,无论如何,他指控父亲的这一行为没有哪个神会有不同意见。游叙弗伦在这里必须证明两点:第一,所有的神都认为,他父亲的行为是不义的;第二,所有的神都认为,儿子由此去控告这样一位父亲是正确的。

如果诸神之间有分歧,那么,同样的事物可能为某些神所喜,为某些神所恶。于是,苏格拉底给游叙弗伦出了一个难题:游叙弗伦指控父亲的行为,可能为宙斯所喜,而为克洛诺斯和乌拉诺斯所恶,为赫菲斯托斯所喜,而为赫拉所恶(8b2-4)。

苏格拉底对诸神的这番推测,并非出于随意。宙斯推翻了父亲克洛诺斯,应该会赞成惩罚父亲。克洛诺斯虽然推翻了其父乌拉诺斯的王位,但其子宙斯反过来又推翻了他自己的王位。因此,我们很难想象克洛诺斯会赞同惩罚父亲,甚至可以肯定,乌拉诺斯必定厌恶惩罚父亲①。同样,赫菲斯托斯曾经被自己的父亲宙斯赶出天庭,因此,必定赞成惩罚父亲。而赫拉或许担心惩罚父亲不过是惩罚母亲的一个前奏。赫拉有一次将赫菲斯托斯赶下天庭,赫菲斯托斯为了报复,给赫拉送去一个金色的王座,当她坐下时,赫菲斯托斯就用看不见的绳索绑住了她。最后,狄奥尼索斯将赫菲斯托斯灌醉后带回到赫拉身边。因此,诸神对惩罚父亲这件事,因其各自的处境和经历而持不同看法。

我们发现,苏格拉底推测诸神态度的依据正是那些史诗作品。在这些作品中,诸神都有自己的好恶,而且都以自身利益为行事的出发点。苏格拉底显然不赞成对诸神的这种描绘,之前既已表示自己对这类故事的不信任,那么,为何在这里又要根据这些描绘来作这样的推测呢?这显然是以谬治谬。事实上,苏格拉底在这里进一步揭示了这些史诗或诗歌内部隐含的深层矛盾。在苏格拉底心目中,这种讲故事的方式远不够妥当。这些作者要么还没有足够的智慧,区分什么是好故事,什么是坏故事,什么故事应该讲,什么故事不该讲;要么没有足够的审慎,对这种描绘方式在人们伦理生活中可能产生的好或坏的结果,毫无觉察或者置之不理。

将虔敬理解成为神所喜,这在当时甚至现代都是一个被普

---

① 参见赫西俄德《神谱》132-182,453-506,617-819。

遍接受的观点。令人困惑的是，既然普通人将虔敬理解成为神所喜，那么，他们又如何解释那些诸神之间彼此矛盾的故事呢？柏奈特认为游叙弗伦是神秘教派的传人[①]，似乎可以冲淡这种质疑。但柏拉图并未着意表现游叙弗伦属于哪个教派，或者有什么样的宗教背景。从对话语境来看，游叙弗伦性格中的自负，以及为自己的行为所做的诡辩，反倒更接近智术师的形象。透过游叙弗伦的言说和苏格拉底的疑问，柏拉图似乎意在揭示这种传统虔敬观内在依据的不牢靠。

我们撇开诸神之间的争斗，来看是否存在一种标准可以来衡量这类事物。假如不存在这样的标准，苏格拉底的问题是否就无法解决？在这一争论中，隐含着一个重要的问题，即伦理评价问题。诸神在当时的人们心目中被认为是这方面的权威。如果存在这类评价的客观标准，那么，诸神之间的争论只能表明他们对这一标准的无知。如果并不存在这类评价的客观标准，那么，任何人来思考这个道德问题都毫无意义。无论是神或者自称是道德专家的人，对道德真理的了解都并不比愚者知道得更多[②]。那么，人们的道德观念或者道德规范主要来自哪里？习俗抑或自然？智术师认为，不同民族或城邦具有各自不同的道德和信仰，这种信念纯粹起源于习俗，缺乏存在于自然之中的客

---

① John Burnet, *Plato's Euthyphro Apology of Socrates and Crito*, Oxford University Press, 1979, p. 85. 其依据就是，游叙弗伦曾在纳克索斯度过一段时间(4c4)，那里是狄奥尼索斯崇拜的中心之一。而且，距此不远的帕罗斯(Paros)，又是毕达哥拉斯教派的分舵之一。柏奈特的这样一种推测并非完全没有可能，但也很难说证据充分。

② Thomas C. Brickhouse and Nicholas D. Smith, *Plato and the Trial of Socrates*, Routledge, 2004, pp. 30 - 31.

观权威性。苏格拉底拒绝习俗与自然之间的对立。他认为,每个行为者都会力图追求最好的东西;从自利角度来说,即追求那种对行为者而言最好的东西。苏格拉底证明了,坚持传统的道德对行为者是有益的,自然规定人们所追求的东西即对他们来说最好的东西,要实现这一目的,道德就是必需的①。

游叙弗伦坚持认为,指控父亲的行为会得到所有神的赞同。苏格拉底却向他指出,诸神之间彼此意见不合,不同的神对这一行为或许有不同看法。苏格拉底对诸神态度的推测,反映出以史诗或诗歌为基础的传统虔敬观的内在矛盾。游叙弗伦的案例或许只是一个引子,说服游叙弗伦放弃这一指控,也只是苏格拉底的意图之一。柏拉图在这篇对话中向我们呈现了传统虔敬观的内在依据,以及苏格拉底对这种传统虔敬观的态度,这在某种程度上也可视为苏格拉底的自我辩护。

3. 对不义之辩护

尽管对游叙弗伦指控父亲的这一行为,不同的神可能有不同的看法,游叙弗伦还是极力为自己辩护,"在这一点上没有哪些神会跟别的神有不同意见,至少谁不义地杀了人就必须受到惩罚"。这里涉及了惩罚正义的问题。

苏格拉底将话题转向不义之争论的原因。苏格拉底反问,

---

① 泰勒主编:《从开端到柏拉图》,韩东晖等译,中国人民大学出版社,2003年,第388—389页。

第四章　为神所喜(6e10-11e5)

"你难道听说过什么人为此争论,一个人不义地杀了人,或不义地干了其他坏事而不用受惩罚的吗?"其实,这样的争论是没必要的,而妙就妙在游叙弗伦的回答。之前,游叙弗伦认定:谁行不义,必受惩罚。在这里,他却说,人们对此会有争论。这就显得自相矛盾。但就在这种自相矛盾中,游叙弗伦无意中又将对话引向了探讨的关节点,他说了一句,这样的争论尤其出现在法庭上。柏拉图借助游叙弗伦之口,透露出法庭上的争论其实就是不义之争论的极端形式。无论游叙弗伦的官司还是苏格拉底的官司,人们对此情形中所包含的正义与不义充满了争议。

接下来,游叙弗伦为不义之争给出了一个很有意思的缘由:"因为,哪怕他们干了很多不义的事,但为了逃避惩罚,没有什么他们不愿做、不愿说的(πάντα ποιοῦσι καὶ λέγουσι)。"(《游》8c4-6)从游叙弗伦回应的这短短几句话来看,他完全是稀里糊涂的。游叙弗伦给出的缘由,与这里的问题不直接相关。前面讲的是争论不义,这里回答的却是逃避惩罚。不过,也正是这个戏剧性的缘由,道出了一个事实:大部分的人干了不义之事,为逃避惩罚,什么事都干得出来。这一点正好与苏格拉底形成鲜明对比。苏格拉底在《申辩》中说到,他自己只是没有那么厚颜无耻,不愿挑那些人们爱听的话来说,而且,无论在战场还是法庭,都不该不择手段只顾死里逃生(《申辩》38d5,39a1)。在《游叙弗伦》中,苏格拉底也谈到,如果有人做了不义之事,就"不会说些什么"——比如说他们不必接受惩罚之类的话,也"不会做些什么"——比如"不择手段死里逃生"(《游》8c9)。

这里的问题,并不在于人们对"谁行不义,必受惩罚"是否有争议——这本身无可争议;而在于人们对不义的争议,所争的到底是什么？当然,对于"谁行不义,必受惩罚",这一"惩罚正义"的前提是否会在诸神之间发生分歧,本身确实是一个问题,正如我们前面所提到的那样。但苏格拉底显然并不想在这个方面过多探究。对他来说,惩罚不义本身就是雅典法律体系的基本前提。尊重雅典的法律体系,也是他面对和处理自己的案件所采取的一贯态度①。在《申辩》9b-c中,苏格拉底批判雅典人只在乎说服的技巧,在乎说得好不好,而非说的内容是否真实。

在接下来的论述中,苏格拉底逐步澄清了关于不义的争议。他说,如果有人做了不义之事,那么他不可能一方面承认犯罪,另一方面又声称自己不必受惩罚(《游》8c9-d1)。这是任何人都不能接受的。谁要为自己做辩护的话,他只会说自己没有做那不义之事(《游》8d1)。即使是对诸神而言也如此。如果他们彼此之间真有争吵的话,就只能是有些神说另一些神做了不义之事,而那些神又否认做了不义之事(《游》8d10-11)。游叙弗伦不得不承认这一点。接着苏格拉底将争议具体化:"这个做不义之事的人到底是谁,究竟什么是不义之事,什么时候干的。"(《游》8d5-6)如此一来,关于不义之事的抽象讨论就被拉回到对某个具体特殊事件的考察。每个行为,不论义或不义,都是某个在特定时空中发生的个别行为。讨论某个行为正义或不义,不可能脱离其特殊的处境。正像苏格拉底后面指出的,无论人还是神,争论者——如果神也争论的话——总是争论做过的某件个别事情。他们因某个特殊的行为意见不合,有些认为这做

---

① Maureen A. Eckert, *In Pursuit of Piety: A Translation and Interpretation of Plato's Euthyphro*, p. 84.

◎ 第四章 为神所喜(6e10-11e5)

得合乎正义,有些认为不合正义(《游》8e4-8)。这里包含了某种对正义之标准,或者说正义之本质知识的吁求,这是苏格拉底惯常的思维方式,正如对虔敬之理型的追问①。

接着,苏格拉底又把话题转到游叙弗伦告父亲的行为:

> 来吧,亲爱的游叙弗伦,教教我吧,让我变得更聪明些。你有什么证据说,所有的神都认为那位雇工死得冤枉?这位雇工杀死了家中的一位奴隶,就被死者的主人捆绑起来,那捆绑的人派人到解经师那里询问该如何处置,结果没等问回来,雇工就因捆绑而死了。于是,为了这个雇工,儿子要告他的父亲,说他犯了谋杀罪,你怎么证明这么做是对的?快点,跟我讲清楚些,所有的神都确实认为你的这种做法是对的。如果你能给我讲清楚,那我对你的智慧赞不绝口。(《游》9a1-b3)

在这里,苏格拉底指出了游叙弗伦指控的要害所在:第一,如何证明这位杀人的雇工死得冤枉,以此判断其父行为的不义;第二,如何证明所有的神都会赞成这种指控。

关于事情的经过,本来是由游叙弗伦叙述的,苏格拉底在这里重新叙述了一遍。在这多少有些不同的复述中,隐含着苏格拉底的真正用意。首先,"那位杀人的雇工",是想提醒游叙弗

---

① 在诸神之中或众人之中,意见不合的原因在于不存在一种普遍接受的关于正义、美或善的衡量标准。这种标准似乎就是苏格拉底孜孜以求的东西。而本质性的定义能够提供一种标准。隐含的结论就是,这在传统诸神是欠缺的,因为他们不具备关于本质的知识。参见 Noel B. Reynolds, *Interpreting Plato's Euthyphro and Meno*, p.46。

伦,这位雇工并非一位普通人,而是一位杀人犯。雇工自己是一个杀人犯,对其的惩罚也是应当的。问题只是该由谁来处罚这位杀了人的雇工。第二,"死者的主人",意味着游叙弗伦的父亲作为被雇工杀害的奴隶的主人,有权来处罚这位杀人犯。第三,那主人"派人到解经师那里询问该如何处置",这已经是一种非常审慎的行为。第四,雇工"因捆绑而死",表明雇工的死是出于自然原因,偶然因素,并不构成蓄意谋杀。第五,"为了这个雇工,儿子要告他的父亲",是指明游叙弗伦的行为不符合当时的习俗。除非被害者是家人,儿子才有资格告父亲杀人。第六,也是最关键的一点,游叙弗伦要告父亲犯了谋杀罪,他有什么证据来证明这么做就是虔敬的?游叙弗伦说,所有的神都会赞成他的这一做法,苏格拉底却要他拿出证据来。如果从苏格拉底后面的辩护来看,虔敬的本质关乎虔敬自身,而与诸神的喜恶无关(《游》11b2-3)。不过,苏格拉底并没打算直接点明这一点,而只是催促游叙弗伦给出证据来。

游叙弗伦似乎有点意识到自己理亏,只好推脱,"这可不是件容易办到的事"(《游》9b4)。不过,他还想为自己挽回面子,说自己可以清楚地证明给苏格拉底看。苏格拉底的回应极为巧妙,他没有说游叙弗伦做不到这一点,而是将责任归结到自己。他说:"你的意思是,我在学习方面要比那些法官愚钝得多,显然你可以向他们清楚地证明诸如此类的事情是不义的,而且所有的神都厌恶这类事情。"(《游》9b6-8)苏格拉底的话说得非常讲究,从"你的意思"、"你觉得"这些词组,可以看出,苏格拉底对游叙弗伦的看法有所保留。这一点我们可以在后面清楚地看到。苏格拉底的这番自抑,事实上向游叙弗伦提出了更高的要求,游叙弗伦不但

◎ 第四章 为神所喜(6e10-11e5)

要向苏格拉底证明,将来还要向那些法官证明,到时的处境会严峻得多。苏格拉底似乎想说,你游叙弗伦现在连一个苏格拉底都对付不了,到时还想去对付一帮法官,那不是开玩笑吗?

游叙弗伦的回答同样非常巧妙,"只要他们能听我的"。他没有说,苏格拉底究竟是不是比那些法官愚钝抑或聪明,也不说自己说的是不是在理,而只是说,如果那些法官能听他的,他就可以向他们证明。于是,对那些法官而言,问题不是听的内容,而是听的态度;而对游叙弗伦而言,问题不在于所讲的东西在不在理,而在于他讲话的方式是不是让人接受。这种思维是不是颇具智术师的意味。

苏格拉底用了虚拟式,"如果你说得好,他们会听的"。游叙弗伦究竟能不能说得好,我们无从知道。至少到目前为止,游叙弗伦还没能过苏格拉底这一关。苏格拉底知道要让游叙弗伦意识到自己的做法有问题,是一件非常困难的事。于是,他将话题重新转回到什么是虔敬。

4. 定义之修正

游叙弗伦给出的第二个定义有矛盾之处,于是,苏格拉底主动对第二个定义做出了修正。

关于这一点,暂且放你一马,游叙弗伦。你要愿意,尽管这么说,所有的神都认为[9d]这是不义的,所有的神都厌恶这种行为。不过,现在我们得修正一下说法:所有神都厌恶的东西就不虔敬,所有神都喜爱的东西就虔敬。但是,那些既为有些神所喜爱又为有些神所厌恶的东西,要么既不虔敬又非不虔敬,要么既虔敬又不虔敬?你是不是[d5]希望我们这样来定义虔敬与不虔敬呢?(《游》9c1-d5)

苏格拉底放弃了追问,理由是,即使游叙弗伦能向他证明,所有的神都认为那雇工死得冤枉,他也没法从游叙弗伦那里学到什么虔敬,什么不虔敬。就算游叙弗伦能够证明所有的神都认为这一特殊的行为不虔敬,那不过是证明这一行为为所有神所厌恶,因而被认为是不虔敬。这一点丝毫未能推进下面这一问题的探讨,即对一般的行为而言(ἐν πάσῃ πράξει, 5d1),什么虔敬、什么不虔敬。

苏格拉底回到对虔敬之定义的探讨,这并不意味着苏格拉底真正的意图正如他前面所说过的,是要搞清什么是虔敬,以便去对付米利都的指控;也并不意味着他同时放弃了说服游叙弗伦放弃指控父亲的动机。苏格拉底明白,游叙弗伦根本不可能证明自己的行为能得到所有神的赞同,再在这个问题上过多讨论也只是徒耗时间。游叙弗伦需要另外的刺激,以便让他内心更多的想法展现出来。

游叙弗伦承认,诸神会因正义与不义这类事情而有分歧(7d8-10);苏格拉底非常小心,没有承认这一点。这对游叙弗伦的虔敬定义是致命性的。只要诸神有分歧,对同一事物,可能既为有些神所喜又为有些神所恶。那么,我们就仍然无法区分什么是虔敬、什么是不虔敬。为了解决这一问题,苏格拉底提

◎ 第四章 为神所喜(6e10—11e5)

议,是否需要对第二个定义做出这样的修正:所有神都喜爱的东西就虔敬,所有神都厌恶的东西就不虔敬,而那些既为有些神所喜爱又为有些神所厌恶的东西,要么既虔敬又不虔敬,要么既不是虔敬又不是不虔敬。苏格拉底的这一修正,是顺着游叙弗伦的思路而来,他本人并没有直接表明立场。游叙弗伦听到苏格拉底的这个修正,说他完全赞成这种说法。他或许会以为,这下总算可以松口气了。不过,要是这个修正真没问题的话,苏格拉底就不会再问,"这说得是不是在理"(《游》9e6)。苏格拉底让游叙弗伦自己考虑一下,假设这样来定义,是不是更容易教会他?事实上,定义的合理性在内容本身,而非定义的方式(是否容易教会别人,或容易为别人所接受)。苏格拉底这里也是就着游叙弗伦的思维方式来说。游叙弗伦完全没有意识到苏格拉底话中有话,他非常肯定地说,所有神都喜爱的东西就虔敬,所有神都厌恶的东西就不虔敬(《游》9e1-3)。

将虔敬定义为为神所喜,对于一种多神信仰传统而言,很难获得规范的一致性。游叙弗伦将所有神引入定义,本以为可以解决诸神之争的问题,事实上却还是失败了。因为,即使在一神论意义上的为"这个神"所喜,也只是给出了虔敬的一种属性,而非其本质。这正是接下来的对话所要处理的问题。

5. 属性与本质

第二个定义经过苏格拉底的修正,形式上解决了诸神分歧的问题,但苏格拉底对这一修正并不满意,还要继续探究。

接下来一段话,苏格拉底用的名词或动词都是第一人称复数形式(我们)。其目的似乎是否想用这种形式上的同一立场来掩盖实质上的差异,目的在于让游叙弗伦重新来考察自己的定义。苏格拉底在这里用了 οὕτω... ἀποδεχώμεθα (毫无疑惑地接受)。根据柏奈特的注释,ἀποδεχώμεθα,是个专门术语,表明接受一个基础作为探讨的出发点。这种接受并不表明这一基础就是可靠的,而只是说它要求自己如此,有理由或值得接受它作为基础。它或许会在后面的论证中得到重新修正[①]。苏格拉底用词非常讲究,他不认同的东西,总会通过某种方式表达自己的保留态度。苏格拉底说,不管是我们自己说的也好,别人说的也好,是不是可以毫无疑惑地接受,抑或得自个儿考虑一下说话者所说的东西。在这里,苏格拉底隐微地暗示,我们需要通过自身的探求来获得确定性,而非盲目地接受某种权威。

从游叙弗伦的回答可以看出,第二个定义及其修正都是按游叙弗伦思路进行的。游叙弗伦说,"我觉得我这会儿说得很在理",而没说"我觉得我们这会儿说得很在理"。苏格拉底也不去跟他争论究竟在不在理,只是说我们很快就能搞得更明白些。接下来,苏格拉底提出了一个关键问题,虔敬究竟是因为虔敬而为神所喜,还是因为为神所喜而虔敬?这一问题,其实根本上颠覆了游叙弗伦的第二个定义。如果游叙弗伦选择了前者,那么,游叙弗伦的第二个定义,就完全是多余的。游叙弗伦开始被苏格拉底搞糊涂了,都没反应过来苏格拉底想要问的究竟是什么。

---

① John Burnet, *Plato's Euthyphro Apology of Socrates and Crito*, Oxford University Press, 1979, p. 127.

◎ 第四章 为神所喜(6e10—11e5)

苏格拉底为了向游叙弗伦说明这一点,举了一些形象的譬喻。

苏格拉底举出三组平行的例子,被运载的东西与运载的东西、被引领的东西与引领的东西、被看见的东西与看见的东西。苏格拉底在这里区分了被动态与主动态。我们需要注意的是,在苏格拉底或柏拉图那个时期,尚未出现这些语法术语。因此,我们不必惊讶,苏格拉底为何将这种情况说得那么复杂①。在这个基础上,苏格拉底进一步提出,被喜爱的东西也不同于可爱的东西。接着,苏格拉底给出了前一类作为被动对象的东西的原因。比如被引领不是因为它是被引领的东西,而是因为它被引领。最后,苏格拉底将他的意思归结为:

> 一件东西之所以变成这件东西,或者受到影响,并不是因为它是变成的东西而成为这样,而是因为它变成这样,它才成为变成的东西。它受到影响,也不是因为它是受到影响的东西,而是因为它受到影响,它才成为受到影响的东西。(《游》10c1—4)

苏格拉底进一步提出,被喜爱的东西不是因为它是被喜爱的东西,而是因为它被喜爱,才成为被喜爱的东西。接着,苏格拉底将话题引回到虔敬的定义问题上。虔敬之所以虔敬,是因为它虔敬呢,还是因为别的什么?游叙弗伦顺着苏格拉底的思路回答,当然是因为虔敬。虔敬能引起所有的神都去喜爱它,但他们的喜爱并不能引起虔敬。于是,苏格拉底就为前面的问题

---

① John Burnet, *Plato's Euthyphro Apology of Socrates and Crito*, p. 128.

给出了一个答案,虔敬是因虔敬而为神所喜,而不是因为神所喜而虔敬。同时,一件东西为神所喜,也仅仅只是为神所喜而已。于是,为神所喜就不是虔敬,而虔敬也不一定为神所喜。得出这样的推论,游叙弗伦一下就懵掉了,他怎么也想不出究竟是哪一步出了问题,以致现在的结论与他之前的说法截然不同。

接着,苏格拉底继续给出理由,虔敬的东西被喜爱是因为它本身虔敬,而非因为它被喜爱才虔敬。而为神所喜的东西,是因为被喜爱这样一个事实而为神所喜,而不是因为为神所喜才被喜爱。这样一来,如果为神所喜与虔敬是同一的,就会出现两种自相矛盾的情况:一方面,如果虔敬因为虔敬而被喜爱,那么,为神所喜也会因为神所喜而被喜爱;另一方面,如果为神所喜是因为被神所喜爱而为神所喜,那么,虔敬也会因被喜爱而虔敬。苏格拉底绕了这么大一个圈子,无非想要说明,虔敬之本质在虔敬,而不在别的什么原因,譬如为神所喜。

苏格拉底随后指出,为所有神所喜爱,并没有给出虔敬的本质(οὐσίαν),而只是讲到它的某种属性(πάθος)。苏格拉底请求游叙弗伦再从头开始回答,什么是虔敬,什么是不虔敬。

在苏格拉底看来,虔敬与其他美德一样,具有自身的本质。这种本质严格地决定了"什么是美德",我们据此可以判定具体行为是否表现了美德。也只有知道了美德的本质,才能够进一步探讨与美德相关的主题。对美德之本质的追问,一直是苏格拉底助产术的关键内容,也是其开放式探讨的最终归宿。在《拉克斯》(190b-c)中,"美德是什么",决定了怎样才能获得美德;在《普罗塔戈拉》(359e-361d),"美德是什么"决定了"美德是否可教",或"美德是否是知识";在《王制》(354b-c),"正义是什

第四章 为神所喜(6e10-11e5)

么",决定了正义是否有益,是否能给其拥有者带来快乐;在《美诺》(71b,86e),由于不知道"美德是什么",所以无法确定"美德是否可教","是否由实践获得,还是由自然而呈现"。在这些对话中,美德的本质,一直都是问题的关键①。当然,这种美德之本质的探讨,其实是面向具体生活的。只有掌握美德的本质,才能在千差万别的具体生活中,展现特定的章法和秩序。在《王制》(344d-e)中,苏格拉底指出,日常生活行为基于关于正义、虔敬、美德等的知识。被称为"最节制"的卡尔米德后来成为三十僭主之一,正是因为缺乏关于"节制"本质的知识(《卡尔米德》175e)。在苏格拉底看来,对美德之本质的探讨,不是一个完全理论的问题,更是基于实践的需要②。正如《游叙弗伦》对虔敬是什么的探讨,直接关乎游叙弗伦当下的告父行为。

对事物之本质的追问,其实为柏拉图对话确立了一个可赖以进行的规则。苏格拉底在"什么是美德"的追问过程中,先行肯定了相关美德之理型或本质的存在,并且认定对所有体现特定美德的事物来说,其理型或本质是一样的。这样,不但使所有相关事物在本质上获得了某种可靠性和稳定性,也使现实行动得到了据以判定的标准。这无疑是柏拉图理型论的关键一步③。

游叙弗伦从一开始定义虔敬时,就混淆了虔敬与正义。苏

---

① Plato, *The Dialogues of Plato*, Volume 1, *Euthyphro, Apology, Crito, Meno, Gorgias, Menexenus*, Translated with comment by R. E. Allen, p. 34.
② Gregory Vlastos, *Socrates: Ironist and Moral Philosopher*, Cambridge University Press, 1991, p. 156.
③ 艾伦还指出,苏格拉底的道德探求就是对现实的探求。参见 Plato, *The Dialogues of Plato*, Volume 1, *Euthyphro, Apology, Crito, Meno, Gorgias, Menexenus*, p. 39。

格拉底则顺着游叙弗伦的这一思路走到现在。游叙弗伦的两难处境,指明虔敬与诸神喜恶无关。这无疑与将虔敬视为取悦诸神的传统信仰不同。其间的差异,将在后面的探讨中继续展开。

6. 作为幕间的代达洛斯之笑话

游叙弗伦两次试图为虔敬下定义,经过苏格拉底的一番诘问之后,都被否定了。不过,接下来并没有直接进入第三个定义,而出现了一个作为幕间插曲的代达洛斯笑话。

苏格拉底抱怨,游叙弗伦对他有所隐瞒,不愿将虔敬的定义原原本本地告诉他(11b1-3)。当然,游叙弗伦不但无意隐瞒,反而着实为苏格拉底的盘问费了一番脑筋,虽然他口口声声说自己精于此道。苏格拉底继续装样子,恳请游叙弗伦行行好,告诉他究竟什么是虔敬,什么是不虔敬(11b4-5)?苏格拉底的这一追问,让游叙弗伦陷入了窘境。有意思的是,接下去的对话没有继续探讨虔敬的定义,而是出现一个插曲,犹如一个缓冲。那么,为何这里要出现这样一个幕间停顿?

在柏拉图的早期对话中,苏格拉底经常使他的对话者陷入这样的窘境[①]。他的对话者最初都声称或坚信自己对所探究之事物非常了解。经过苏格拉底一番追究之后,才发现远非如此。游叙弗伦此刻也不得不承认,自己不知如何说明自己的意思。显然他并不愿承认自己对此无知,而只是说无法讲明白而已。

---

① 参见《美诺》79e-80b,《高尔吉亚》482e,《拉克斯》194b。

◎ 第四章 为神所喜(6e10-11e5)

游叙弗伦意识到,每次他提出的说法都确定不下来,但他并不清楚问题究竟出在什么地方。

在《美诺》79e-80b中,也出现了类似的情况。苏格拉底与美诺在讨论美德的定义,美诺每次试图给出答案,都被苏格拉底一一推翻。于是,美诺开始抱怨苏格拉底经常在一些非常明显的真理上犯糊涂,而且还使别人产生困惑。美诺认为苏格拉底正在对其使用巫术,让其一筹莫展。甚至将苏格拉底比作成一条能让人中毒麻痹的鱼,让他的心灵和嘴唇都动弹不得,说不出话来。在这里,游叙弗伦也遭遇了与美诺类似的境地。不过,美诺是由专业老师即智术师教导出来的;而游叙弗伦关于虔敬的知识来自传统信仰,来自家庭,及其所参与的宗教庆典,也可能来自更癫狂的神秘崇拜。显然,相对美诺而言,游叙弗伦是一位更加顽强的对话者。艾克特认为,游叙弗伦在这篇对话中呈现了一种宗教观点,但他拒绝追问其根基是否牢靠。这种对传统虔敬观的先在态度,对真理的哲学探求而言是一个障碍。苏格拉底必须将其摆脱出来①。

游叙弗伦只能抱怨,每次提出一个说法,总是绕着转,不肯安顿下来。确实,现在的处境,不仅让游叙弗伦很气馁,让读者也有类似感受:费尽心思探讨了半天,结果好像所有的力气都白费了。游叙弗伦的话,只说对了一半。之前,游叙弗伦尝试提出了两种对虔敬的理解,经过苏格拉底一番盘问,又不得不承认原先的说法立不住脚。游叙弗伦没有意识到,这背后透露出自

---

① Maureen A. Eckert, *In Pursuit of Piety: A Translation and Interpretation of Euthyphro*, p.101.

己对这一问题的自负,以及自负背后的无知。对话开头,游叙弗伦得意洋洋,自诩为诸神事宜方面的专家。两个回合之后,游叙弗伦几乎无言以对。在探讨了这两个定义之后,柏拉图想让读者从定义的探讨中抽身,形成戏剧突转的一个间歇。这一间歇不仅是对前面部分对话的回顾,而且也使得读者有机会自己来整体性地关照前面的内容,并重新引起读者对后续剧情的期待。

当然,这一间歇的关键内容即是"代达洛斯的笑话"。代达洛斯,是希腊神话中工匠技艺的祖师爷。据说,他制作的人物,四肢都能活动。苏格拉底与游叙弗伦彼此责怪对方就像代达洛斯,使得探讨最终没有结果。那么,柏拉图在这里插入这个代达洛斯的笑话究竟想要表明什么?究竟谁才是真正的代达洛斯?①

苏格拉底一开始说得很含糊,用了 ἡμετέρου 这个词②,说游叙弗伦说话就像代达洛斯一样。接着,苏格拉底庆幸,幸亏这些说法不是他自己说的,要不然游叙弗伦准笑话他:苏格拉底不愧是代达洛斯的后代。按照苏格拉底的看法,如果前面的说法是苏格拉底提出的,那么,这些说法绕来绕去,没法确定下来就是可接受的,因为苏格拉底是代达洛斯的后代,自然也能让自己的作品转来转去。但现在这些说法都是游叙弗伦提出的,于

---

① 雷诺德认为,柏拉图在这里使用代达洛斯这个故事,不仅因为他是工匠技艺的祖师爷,而且因为他出于妒忌杀死了他的侄子,因为侄子的技艺开始赶上他了。值得注意的是,柏拉图在《游叙弗伦》中所引用的神话人物除了普洛透斯,都有家庭犯罪。而游叙弗伦将他们作为自己的榜样。参见 Noel B. Reynolds, *Interpreting Plato's Euthyphro and Meno*, p. 48。
② ἡμετέρου,通常指"我们的",个别情况下指"我的"。根据语境,苏格拉底在这里指的是"我的"。

第四章 为神所喜(6e10-11e5)

是苏格拉底说,得换个笑话才行。

或许苏格拉底说游叙弗伦是代达洛斯是真,而换笑话是假。苏格拉底早年学过雕塑,因此自嘲是代达洛斯的后代。而游叙弗伦在苏格拉底面前,几乎就是被苏格拉底牵着鼻子走,在苏格拉底这个"雕塑师"面前,仿佛就成了一个"没有灵魂的"雕塑①。游叙弗伦则指责,是苏格拉底让这些说法转来转去,说苏格拉底才是代达洛斯。其实,游叙弗伦说得一点没错。他巴不得早点得出结论,正是苏格拉底刨根问底,拉着他到处转。于是,苏格拉底顺着游叙弗伦的话说,他不仅让自己的作品打转,而且还能让别人的作品打转。在这里,苏格拉底或许并不情愿承认自己与父系祖先即代达洛斯的技艺之间有什么关联②,而是更倾向于母系的技艺:助产术。

苏格拉底说他不要代达洛斯的智慧,也不要坦塔洛斯的财富,而宁愿让他的话能确定下来。代达洛斯的智慧是否仅仅就在于让自己的作品打转,苏格拉底对此显然不感兴趣。但为何又提到坦塔洛斯的财富呢?③ 苏格拉底确实一贫如洗,但这里的关键并不在于财富④,而在于坦塔洛斯的遭遇。坦塔洛斯做了国王之后,诸神给予他特殊的荣誉,准允他参加诸神的宴饮,

---

① 刘易斯:《〈游叙弗伦〉义疏》,见柏拉图:《游叙弗伦》,顾丽玲编译,华东师范大学出版社,2010年,第152页。
② 施特劳斯:《论〈游叙弗伦〉》,见贺照田主编:《西方现代性的曲折与展开》,吉林人民出版社,2002年,第180页。
③ 有研究者认为,柏拉图也经常引用其他人诸如Darius、Polycrates、Cinyras以及Midas等作为财富的代表。这里选择坦塔洛斯,主要是可与代达洛斯构成对偶。他是传说中吕底亚的国王,以其巨大的财富而闻名。
④ 刘易斯:《〈游叙弗伦〉义疏》,见柏拉图:《游叙弗伦》,顾丽玲编译,第153页。这里所提到的坦塔洛斯的财富,是为了指出游叙弗伦的贫穷。

听闻诸神的言谈。结果,他得意忘形泄漏了诸神的秘密,受到了永远的惩罚。游叙弗伦自诩是诸神事宜方面的专家,掌握许多诸神的秘密故事(《游》6c5-7)。虽然他的自负并非毫无根据,但他完全没有意识到这种自负的僭越行为,会对城邦的习俗生活带来什么后果。这里,苏格拉底似乎是在提醒游叙弗伦,如果他泄漏诸神的秘密——不论是什么样的秘密——也会像坦塔洛斯那样遭到永远的惩罚?只是游叙弗伦恐怕对苏格拉底的弦外之音并未领会。对苏格拉底而言,即使他也掌握诸神的秘密——苏格拉底在人们心目中似乎也是离神最近的人——他也不敢随便泄漏这些秘密。

代达洛斯的笑话,似乎宣告了之前的探讨归于失败。通过两个回合,游叙弗伦已经表现出不耐烦。苏格拉底显然也意识到了这一点,所以就自己主动承担责任。他说自己这个学生要使点劲,也好让游叙弗伦这位老师教会他什么是虔敬。接下来的对话,苏格拉底将主题引向了虔敬与正义的关系问题。

第五章

作为实践技艺的虔敬(11e6 – 15c10)

游 我看就是如此。

苏 那么,是不是所有正义的事物都虔敬呢?抑或虔敬的事物[12a]都是正义的,而正义的事物并不都是虔敬的,只有一部分虔敬,一部分则不虔敬?

游 苏格拉底,我不太明白你说的意思。

苏 你不仅比我聪明得多,也比我年轻得多。[a5]不过,我想说,虽然你饱含智慧,但有些娇气。来吧,我亲爱的朋友,你自己努力一把,我的意思并不难懂。我说的与那位作了这首诗的诗人刚好相反,他说:"宙斯,这位造化万物之神,[12b]你不敢称说他,因为凡有恐惧,必有敬畏。"我与这位诗人所说不同。要告诉你怎么回事吗?

游 当然。

苏 要我看,"凡有恐惧,必有敬畏",并不是这么回事。[b5]我觉得,好多人感到恐惧,害怕疾病,害怕贫穷,或者其他许多诸如此类的东西,不过,他们虽然害怕,但对这些东西并无敬畏之意。难道你不这么认为吗?

游 那当然。

苏 应该是"凡有敬畏,必有恐惧"。[b10]那些做什么事都心怀敬畏和羞耻的人,[12c]不都害怕和恐惧得到坏名声吗?

游 他当然害怕。

苏 那么,就不能说:"凡有恐惧,必有敬畏",而只能说:"凡有敬

第五章 作为实践技艺的虔敬(11e6 – 15c10)

畏,必有恐惧",因为,并不是[c5]所有恐惧的地方,都有敬畏。我想恐惧的范围要比敬畏来得广。因为,敬畏只是恐惧的一部分,就像,"奇数"只是"数目"的一部分。因此,并不是,凡"数目"皆为"奇数",而只能是,凡"奇数"皆为"数目"。这下你该明白了吧?

游 完全明白了。

苏 [c10]这正是我前面要问的问题,[12d]究竟是"凡有正义的地方,必有虔敬",还是"凡有虔敬的地方,必有正义",而"凡有正义的地方并非都有虔敬"?也就是说,虔敬是正义的一部分,我们能不能这样说?或者你还有别的看法?

游 不,就这么回事。我觉得你说得很对。

苏 [d5]那好,我们接着看。如果虔敬是正义的一部分,那么,我们就得找出,正义中哪一部分是虔敬的。假如你问我刚才所提到的例子,比如,数目的哪一部分是偶数,偶数刚好是什么样的数目?我就会说:"那些不是不等边的,而是二等边的数目就是偶数。"[d10]难道你不这么认为吗?

游 我也这么认为。

苏 [12e]那么,请你就这样子教教我,正义的哪一部分是虔敬的?这样一来,我们可以告诉米利都别再冤枉我们,别再告我们不敬神(ἀσεβείας)。因为,我们已经从你这儿完全学会了,什么东西既敬神(εὐσεβῆ)又虔敬(ὅσια),什么东西不是。

游 [e5]在我看来,苏格拉底,敬神且虔敬的那部分正义是照料神的(τὸ περὶ τὴν τῶν θεῶν θεραπείαν),而剩下的那部分正义是照料人的。

苏　我觉得你说得太妙了,游叙弗伦！不过,[13a]我还有个小问题：我还是不明白你说的"照料"(θεραπείαν)究竟是什么意思？显然,你不会说,照料其他事物与照料神是一样的——我们真的会这样说吗？比如,我们会说,并不是人人都知道怎么[a5]照料马,而只有养马的人才精于此道,是这样吗？

游　那是。

苏　显然,养马的技艺(ἱππική)就是照料马。

游　对。

苏　而且,也不是所有的人都知道怎么照料狗,而只有那些[a10]猎人才知道。

游　确实如此。

苏　显然,猎人的技艺就是照料狗。

游　[13b]对。

苏　而牧牛人的技艺就是照料牛。

游　没错。

苏　那么,虔敬和敬神就是照料神,游叙弗伦,[b5]你是这么说的吗？

游　确实,我是这么说的。

苏　那么,是不是所有这些照料都带来相同的东西呢？比如说,是不是给被照料者带来某种好处和利益？就像你看到的,靠养马的技艺来照料马,[b10]这些马就得到益处,变得更好？或者你不这么认为？

游　不,我就是这么认为的。

苏　同样,狗靠着猎人的技艺,[13c]牛靠牧牛人的技艺,以及其

第五章 作为实践技艺的虔敬(11e6 – 15c10)

他所有诸如此类的情况都是如此,对吗?或者你认为,照料一个对象会给它带来伤害?

游 凭宙斯,我当然不会这样想!

苏 相反,只会给它带来好处是吗?

游 [c5]难道不是吗?

苏 那么,虔敬既然是照料神,就能给神带来好处,使神变得更好,是不是?你的意思是不是这样,只要你做了虔敬的事情,你就使某个神变得更好,是吗?

游 [c10]凭宙斯,我绝没这个意思!

苏 我想你也不是这个意思,游叙弗伦。你肯定不是这么想的。我之所以要问,[13d]你说的照料神究竟是什么意思,就因为我不相信你说的是这种类型的照料。

游 你说得没错,苏格拉底。我说的确实不是这种类型。

苏 好。那么,虔敬究竟是对神的一种什么样的照料?

游 [d5]就像奴隶(δοῦλοι)照料主人,苏格拉底。

苏 我明白了,看起来就像是对神的一种侍奉技艺(ὑπηρετική)。

游 对。

苏 那么你能告诉我,如果说对医生而言的[d10]侍奉技艺能恰好产生什么结果的话,你不认为就是健康吗?

游 没错。

苏 [13e]那么对造船者而言的侍奉技艺呢?这种侍奉会产生什么样的结果?

游 显然,苏格拉底,产生船呗。

苏 那么,对建房者而言的侍奉技艺就能产生房子,是不是?

游　[e5]对。

苏　那么,请你告诉我,我的好人哟,对神的侍奉技艺究竟能带来什么结果?显然你是知道的,你说过,你比其他任何人更懂得诸神的事哩。

游　我说的没错啊,苏格拉底。

苏　[e10]宙斯在上,请你告诉我吧,诸神把我们当仆人（ὑπηρέταις）,他们能得到的极好结果（τὸ πάγκαλον ἔργον）究竟是什么呢?

游　会有很多好结果,苏格拉底。

苏　[14a]对将军来说也是如此,我亲爱的朋友,你轻而易举就能告诉我在这当中主要会有什么好结果,就是在战争中取得胜利,对不对?

游　没错。

苏　[a5]我想,农夫也一样,能产生许多好结果,但这当中主要的结果还是来自地里的食物。

游　当然。

苏　那么,诸神能带来的众多好结果有哪些呢?[a10]在这些事物中,主要的好结果又是什么?

游　我刚告诉过你,苏格拉底,要想搞明白所有这些事情,[14b]非得下一番苦功才行。因此,我只能简单跟你说,如果一个人懂得祈祷和献祭,说一些话,做一些事,让神欢心,那么,这些就虔敬（τὰ ὅσια）。这能保佑[b5]每个家庭,也能保佑城邦的公共生活。与此相反,若不能取得诸神的欢心,那么这些事情就不敬神（ἀσεβῆ）,它会颠倒一切、摧毁一切。

苏　你要愿意的话,游叙弗伦,你早可以对我提问的要点说得更

第五章 作为实践技艺的虔敬(11e6—15c10)

简明些。显然你存心不[14c]想教我。本来你已经站在那个节骨眼上了,但又避开了,要是你刚才回答了我,我早就从你这儿学会了什么是虔敬。不过,因为爱者必然跟随被爱者引领的方向走,所以你能不能再说一下,你刚才[c5]说的虔敬(τὸ ὅσιον)与虔敬的事物(τὴν ὁσιότητα)是什么来着?是一门关于献祭和祈祷的知识?

游 对,我是这么说的。

苏 那么,献祭就是给诸神送礼物,而祈祷就是对神有所祈求,是不是?

游 [c10]太对了,苏格拉底!

苏 [14d]按照这个说法,虔敬就是一门对神如何祈求和如何给予的学问,是不是?

游 你完全抓住了我的意思,苏格拉底!

苏 是的,我亲爱的朋友。因为我渴望你的智慧,[d5]一直聚精会神地听,所以只要是你说的,我绝不让它落空。不过,你再跟我说说,这种对诸神的侍奉究竟是一种什么样的侍奉?你的意思是对诸神有所祈求、有所给予,是吗?

游 就这意思。

苏 合理的祈求就是祈求一些我们需要从诸神那里[d10]得到的东西,是不是?

游 难道还有别的吗?

苏 [14e]合理的给予就是再次回赠礼物(ἀντιδωρεῖσθαι),给予他们那些碰巧他们需要从我们这里得到的东西,对吗?因为,倘若将礼物送给一个根本不需要的人,那显然不明智。

游　[e5]你说得对,苏格拉底。

苏　那么,游叙弗伦,虔敬岂不成了诸神与人彼此之间的一种交易技艺?

游　对,就是交易,如果你愿意这么称呼它的话。

苏　除非这恰是事实,要不然我才不愿这么说呢。[e10]请你告诉我,诸神从我们这里得到那些礼物,[15a]对他们有什么好处呢?不过,他们给予我们的好处却是人人皆知的,因为,如果他们什么都不给的话,我们将毫无所获。然而,他们从我们这里得到的那些东西,对他们有什么好处呢?难道是我们在这个交易中占了大便宜,也就是说,我们从他们那里得到所有好处,而他们在我们这里却一无所获?

游　[a5]不过,你想,苏格拉底,诸神也会从我们给予的东西中得到好处啊。

苏　游叙弗伦,诸神从我们这里得到的礼物究竟是什么呢?

游　还能是什么,不就是[a10]感恩、敬重还有我说过的崇敬吗?

苏　[15b]这么说来,游叙弗伦,虔敬就是讨诸神欢心,而并不会给他们带来什么好处,或者是为神所喜爱的东西。

游　我觉得,在所有东西中,虔敬是他们最喜爱的东西。

苏　这样一来,又重新回到:虔敬就是[b5]为神所喜的东西。

游　对,这是他们最喜爱的东西。

苏　你要这样说的话,你不觉得自己的话老是转来转去停不下来吗?你还指责我像代达洛斯的作品一样转来转去,现在你自己[b10]比代达洛斯还厉害得多呢,让这些话绕着圈子转。难道你没发现,我们的话绕了一大圈,又回到了原点

◎ 第五章　作为实践技艺的虔敬（11e6 – 15c10）

吗？[15c]你肯定还记得我们之前说,虔敬与为神所喜不是一回事,而且彼此不同。你不记得了吗？

游　我记得。

苏　[c5]但是,你要知道,你刚刚不是说,虔敬就是为神所喜爱的东西？这也就是说,除了为神所喜,虔敬难道还能是别的什么吗？不是这样吗？

游　没错。

苏　这样的话,要么就是我们前面同意的错了,如果前面没错的话,要么就是现在说错了。

游　[c10]好像是这么回事。

1. 斯达西努斯的诗作

经过幕间插曲之后,苏格拉底开始直接掌握对话的方向,将虔敬引向了正义。接下来的三个小回合,都是在正义的基础上探讨虔敬。

苏格拉底问游叙弗伦,他的意思是否就是,所有虔敬的事物都是正义的。游叙弗伦对此作了肯定回答。苏格拉底将虔敬问题的探讨引向正义,这完全不同于游叙弗伦前面所给出的两种定义。通过前面两个回合,苏格拉底已经将虔敬与诸神的喜好完全区分开来。接下来三个小回合,在正义的基础上来探讨虔敬,可以说是一种新的尝试。

当然,将虔敬与正义相联系并非任意之举。一方面,在之前的讨论中,游叙弗伦无意间已经将虔敬与正义等同起来。另一方面,虔敬不仅具有宗教意义上的重要性,还具有道德意义上的重要性。不虔敬(不敬神)的行为往往被看作是在道德上错误的行为。游叙弗伦要去告自己的父亲,希望通过诉诸法律的正义来避免宗教意义上的血污①。因而,苏格拉底将话题引向了正义与虔敬之关系。他将间接地证明这一点,对诸神行不义是不可能的,所以在这个意义上的不敬神也是不存在的。

这就是为什么苏格拉底说,如果游叙弗伦能将这些道理向他全盘托出,他们就能制止米利都做不义之事,不再告苏格拉底不敬神。指控别人犯有一种没有人可以犯的罪行,这是不义的。……对神行不义,只有在这种情形下才可能,即我们要对他们担负某种我们可能逃避的义务,而这些义务只有在这种情形下才存在,即人与神是共同之善的参与者或分享者。城邦将自己看作是人神关系中一个次要的成员。而城邦民将他们对彼此的责任,看作来自他们对神的责任,或服从于他们对神的责任。于是,两种特殊的正义被称为共同体的纽带:政治的正义,掌管统治者与被统治者的关系;贸易的正义,掌管商人之间的交易。反思这个简单的事实,我们可以得出这样的结论,对诸神负有义务,只有三种情况:作为他们的统治者,作为他们的服从者,作为交易的一方,而诸神也参与其中。苏格拉底在 13a1 - d4 默认了第一种可能性,第二种在 13d5 - 14c1,第三种在

---

① Maureen A. Eckert, *In Pursuit of Piety: A Translation and Interpretation of Euthyphro*, The City University of New York, 2004, p. 102.

14c2-15a10. 如果我们最终发现,我们对神不负有义务,那么,不敬神就是一种不可能犯的罪行,更为重要的是,既然严格来说正义是人的事情,那么,神跟人就毫无关系。①

在后面的解读中,我们将对这三种情形进行仔细分析。

苏格拉底接着问,是不是所有正义的事物都虔敬?抑或所有虔敬的事物都正义,而正义的事物并不都虔敬,只有一部分虔敬,另一部分则不虔敬?这种说法完全出乎游叙弗伦的意料。他只好坦言自己并不明白苏格拉底的意思。苏格拉底继续恭维游叙弗伦,"你不仅比我聪明得多,也比我年轻得多",怎么可能听不懂呢?大概因为你太聪明,反而有些不努力罢了。于是,苏格拉底向游叙弗伦举了两个例子来说明两者之间的关系。

苏格拉底首先举了一个恐惧与敬畏的例子。斯达西努斯(Stasinus)的诗歌残篇②中一句话:宙斯,这位造化万物之神,你不敢称说他,因为"凡有恐惧,必有敬畏"。苏格拉底的看法正好相反,认为有恐惧的地方,并不一定有敬畏。就像好多人害怕疾病,害怕贫穷,但并不对其怀有敬畏之意。相反,所有那些心怀敬畏,对做某事感到羞耻的人,不都担心害怕得到坏名声吗?因此,只能说,"凡有敬畏,必有恐惧"。敬畏只是恐惧的一部分,就像奇数只是数目的一部分。苏格拉底通过这两个例子的类比,最后让游叙弗伦不得不承认虔敬是正义的一部分。

---

① 刘易斯:《〈游叙弗伦〉义疏》,见柏拉图:《游叙弗伦》,顾丽玲编译,华东师范大学出版社,2010年,第159页。
② 关于诗篇,柏奈特认为出自 Cypria Fr. 20,参见 John Burnet, Plato: Euthyphro, Apology of Socrates and Crito, Oxford University Press, 1979, p.113。

苏格拉底的敬神——柏拉图《游叙弗伦》疏解

柏拉图在这里提到斯达西努斯的诗篇,恐怕不只是想说明一个整体与部分之关系问题而已。在这篇对话的所有用典中,唯有这次是直接引用,却没有提到人名斯达西努斯。也许,柏拉图针对的或许并不是某个诗篇,或者某个诗人,而是整个诗的传统①。诗人们的"制作"并没有为传统礼法秩序奠定一个非常稳靠的基础。游叙弗伦一方面对诗人们制作的神话津津乐道,并以专家自居;另一方面,他又不满足于由诗人奠基而成的传统礼法秩序,试图重新解释这些诗人神话。苏格拉底虽然并不完全认同传统虔敬观,但也不赞成游叙弗伦这种自以为是的虔敬观。

此外,苏格拉底将羞耻与坏名声联系起来。在希腊文中,"名声"这个词包含有"意见"的意思。一个名声不好的人,就是在人们看来做了不好的事情。苏格拉底之所以得坏名声,或许就在于他质疑大多数人的"意见"②。因而,哲学的沉思与这种意见生活之间必定存在某种张力。沉思本身就意味着对"意见"生活的一种质疑,因而很难避免落个坏名声的下场,除非这种质疑是沉默的。

苏格拉底终于让游叙弗伦明白了,虔敬是正义的一部分。不过,这次对话并没有直接处理正义的本质问题,而只是涉及正义与虔敬之关系。苏格拉底接着问,正义中哪一部分是虔敬的?就像数字中哪一部分是偶数一样。苏格拉底按照游叙弗伦的思路,说偶数就是那些不是不等边的而是二等边的数字。苏格拉底用偶数的对立面来定义偶数,或许是有意模仿游叙弗伦,因为

---

① 刘易斯:《〈游叙弗伦〉义疏》,见柏拉图:《游叙弗伦》,顾丽玲编译,第155页。
② 《申辩》21b10-e3;《美诺》93b10-94a5。

游叙弗伦曾用正义的对立面来定义不义。在最开始的时候,他将虔敬定义为不虔敬或不义的对立面(5d8-e5)。后来,为了给自己的诉讼作辩护,游叙弗伦认为正义就是惩罚不义(8b7-9)。

苏格拉底提醒游叙弗伦,他们现在探讨的结果直接关系着各自所面临的案子。苏格拉底要对付米利都的指控,而游叙弗伦也得为自己指控父亲的行为寻找依据。值得注意的是,苏格拉底在这里说的是"别再告我们不敬神"。米利都告苏格拉底不敬神是既成事实,但对游叙弗伦而言,并非事实。苏格拉底这样说,显然是想向游叙弗伦重申两人的同盟关系,以便进一步充当他的学生。然而,这句话是否也在暗示,如果游叙弗伦一意孤行非要告父亲的话,必定落个不敬神的下场?

柏拉图在这里提到斯达西努斯的诗作,是为了说明虔敬与正义之间的关系,并为接下来作为实践技艺的虔敬的讨论打下基础。

2. 作为驯养的照料技艺

正如前面所说,柏拉图分三种情形来讨论作为实践技艺的虔敬,笔者也将分三个独立的小节分别加以阐述。这里讨论第一种情形,即作为驯养的照料技艺。

游叙弗伦似乎终于明白了苏格拉底期望的定义方式,认为敬神并且虔敬的那部分正义是照料神的,而剩下那部分正义是照料人的。

苏格拉底显得非常激动,似乎终于找到了自己想要的答案。

不过,他告诉游叙弗伦,现在只有一个问题没搞清楚,游叙弗伦所说的"照料"(θεραπείαν)是什么意思?苏格拉底说,显然照料神与照料其他事物不一样。前面的探讨,已经将虔敬与诸神的行为和兴趣区分开来,但并不意味着虔敬与诸神完全无关。因而,当虔敬被理解为正义的一部分的时候,它很自然地就被理解成照料神的那部分正义。我们可以发现,定义"虔敬"的角度,已经从诸神的行为和兴趣,转向了人的角度——虔敬是人对神的照料①。这一转向,使得虔敬这一探讨更加接近它的本质。我们将在本章的结尾处进一步考察这一问题。

苏格拉底已经说到,照料神与照料其他事物是不同的。但接下来,又用照料其他事物来类比照料神的工作,然后逼着游叙弗伦回答,所有的照料都带来好处,那么照料神究竟可以带来什么好处?苏格拉底在这里已经埋下伏笔:对神的照料是一种特殊的照料。

为了弄清对神的照料,苏格拉底举了三种不同的照料技艺。苏格拉底为何在这里将虔敬与"技艺"联系起来?从前面的探讨可以发现,传统虔敬观并不能为我们提供足够的依据,要求我们一定要虔敬以及如何虔敬。因为不同的神有着不同的喜好,同样的事情为某位神所喜,却可能为另外的神所恶。"那么,为了让虔敬成为正确行为的原因,虔敬本身就必须提供一种能够引领虔敬者的知识。而唯一可以得到的独立的、实践的模型就是技艺。"②

---

① Maureen A. Eckert, *In Pursuit of Piety: A Translation and Interpretation of Euthyphro*, p. 111.
② 刘易斯:《〈游叙弗伦〉义疏》,见柏拉图:《游叙弗伦》,顾丽玲编译,第 159 页。

第五章 作为实践技艺的虔敬（11e6－15c10）

苏格拉底举了一个非常典型的例子，驯马师比起其他人更懂得如何去驯养马匹，同时，猎人驯狗的技艺与牧人养牛的技艺也存在类似的情况。也就是说，只有精于此道的人，才具有恰当的知识。游叙弗伦完全赞成这样的说法。

在这三种技艺中，事实上暗含着两种不同类型的教育。前两种技艺希望培养出具有某种特殊品性的对象，因而是对具有特殊天性的少数人的教育。而第三种技艺则是对普通天性的大多数人的教育。无论是哪一种类型的教育，其前提在于对被教育者天性的了解。

苏格拉底将对神的照料与对动物的照料类比，似乎已经在某种程度上取消了诸神的神圣性，甚至使诸神沦落为相对于人来说低一等的存在，因为他们无法自我改善，需要接受人的照料[①]。但游叙弗伦根本没有注意到这一点，反倒认为苏格拉底的例子正好说明了他的意思。接着，苏格拉底又提出，所有这些技艺是不是都能给被照料的对象带来某种好处和帮助。游叙弗伦承认了这一点，于是又不自觉地落入了苏格拉底的圈套。当苏格拉底问游叙弗伦，虔敬既然是照料神，是不是就能给神带来好处，使神变得更好？更直接地说，是不是只要你做了虔敬的事情，就能使某位神变得更好？游叙弗伦这下才反应过来说，自己绝对没有这个意思。游叙弗伦本来还在为这一新的说法沾沾自

---

① 艾克特认为，专家的例子与人对诸神的侍奉相类比，表明人在理智上高于被他们所照料的对象，马、狗和牛属于那种不能改善自身的一类存在。专家拥有的知识和技艺是动物不可能具有的。而且，专家施展他的技艺有着特殊的意图和目标。这些动物是为了人类自身的目的而得到训练和提高的。参见 Maureen A. Eckert, *In Pursuit of Piety: A Translation and Interpretation of Euthyphro*, p.113。

喜,经过苏格拉底一番追问,才发现自己根本没搞清这里的"照料"究竟指的是什么。苏格拉底也忙着替游叙弗伦开脱,称相信游叙弗伦说的照料不是这种类型的照料。

将虔敬理解为对神的照料,这是一种比较流行的看法。柏拉图似乎要将这种流行观点的真正意味探个究竟。虔敬既然不是一种作为驯养的照料技艺,那么又是一种什么样的照料技艺呢?话题推进到第二种情形。

3. 作为主仆的照料技艺

在第一种情形中,苏格拉底举出了驯养动物的例子来排除这个意义上的照料,很容易受到大家的认同。在第二种情形中,柏拉图所要处理的是一种复杂得多,更为流行也看似更为合理的看法。

苏格拉底继续追问,虔敬究竟是一种什么样的照料?游叙弗伦回答,就像奴隶照料主人那样。苏格拉底马上就领会了游叙弗伦的说法,他说,就像是对神的一种侍奉。事实上,苏格拉底将虔敬的理解,从奴隶对主人的照料转为对神的一种侍奉,其中已发生某些本质的偏移。前者包含主人的至上权威和奴隶对主人的绝对服从,后者并不必然包含这些意味。从后面的对话,我们可以明白,苏格拉底这一"曲解"有特殊的目的。游叙弗伦对其间的差异根本没有觉察。

为了能将这种"侍奉"考察清楚,苏格拉底又开始举例子。对医生而言的侍奉能产生健康,对造船者而言的侍奉能产生船,而对建房者而言的侍奉能产生房子。于是,他就问,对神的侍奉究竟能带来什么结果?在这里,苏格拉底其实已经预设,所有实践活动必定产生一个实际的结果。他担心游叙弗伦一时答不上来,或者回避问题,所以又提前恭维了一下游叙弗伦,说他比其他任何人更懂得诸神事宜。接着,苏格拉底重新复述了这个问题。他说:"宙斯在上,请你告诉我吧,诸神把我们当仆人(ὑπηρέταις)①,他们能得到的极好结果(τὸ πάγκαλον ἔργον)究竟是什么呢?"(《游》13e10-11)

事实上,虔敬作为一种实践技艺,如果真能带来好结果的话,包含着对神和人两方面的好处。苏格拉底在前两个回合,都只是问给诸神带来什么好处,而有意没有提对人而言的好处。直到第三个回合,才直接提到虔敬对人而言的好处(《游》14d910,14e1-2)。在这里,苏格拉底只是问,诸神将我们当仆人,能得到什么好结果?而没有问,我们将诸神当主人,将得到什么好结果?事实上,这个没有明确提出的问题更为重要。在敬神事宜上,在这种人神关系中,我们对诸神的想法知之甚少,也无从知道他们能从这种主仆关系中得到什么好处。苏格拉底在对话中已经预设,好的侍奉必定有好的结果,但他只问诸神能得到什么好结果。游叙弗伦顺着这个思路,肯定地回答有许多好结果,但显然他无法说出究竟是什么好结果。

接下来苏格拉底举了两个例子,将军的技艺所能产生的主要结果就是胜利,而农夫的技艺所能产生的结果就是生长的作

---

① 注意前面游叙弗伦用的是δοῦλοι("奴隶"照料主人),而苏格拉底这里用的是ὑπηρέταις(仆人)。有些译本忽略了这两者的差别,将两者等同起来。

物。那么,诸神能产生的主要结果是什么呢?游叙弗伦只好回答,要想弄明白所有这些事情,非得下一番苦功不可。第二种情形的讨论似乎又毫无结果。但是,如果我们愿意花点工夫停留在苏格拉底这两个例子中,或许将得到一些有益的启示。这两种技艺特别依赖偶然性。无论是个人的生存,还是共同体的生活,同样都充满了太多的偶然性,人的力量根本无以应对这种根本性的偶然。于是,人只有将这个难以应对的难题交给诸神,祈求诸神来控制这些偶然①。由此,生命变得可以承受,哪怕事实上这种根本的偶然无法消除。这种对偶然性的恐惧根源于人的根本宿命即死亡之恐惧。或许所有的一切就像苏格拉底所说的,只是因为人们不了解死亡或者说偶然。如果有所了解的话,或许就能坦然接受②。事实上,苏格拉底这话并非完全在理。首先,有时对未知处境的恐惧远大于对一个确定对象的恐惧。其次,有所了解之后,如果是在接受范围内,当然可以坦然接受;如果超越了我们的接受范围,这种恐惧并不能得到排除,有时反而加剧。由于我们对偶然性很难达到完全的了解(否则便不是偶然),对它的恐惧无法从根本上消除。人们祈求诸神,只是在某种程度上缓和了这种恐惧。人们像奴仆一样崇拜诸神,其实是要诸神为自己服务,成为诸神的主人。

虽然在第二个回合中没有明确提到侍奉诸神对人的好处,但将军与农夫的例子多少暗含了这一问题的答案。在这两个看

---

① "他知道他不能控制偶然性。正是出于这一理由,他需要诸神。诸神是用来做他自己做不了的事的。诸神是他相信可借此控制偶然性的引擎。他侍奉诸神,为的是成为诸神的东家、诸神的主子。"见施特劳斯:《论〈游叙弗伦〉》,见贺照田主编:《西方现代性的曲折与展开》,吉林人民出版社,2002年,第191页。
② 参见《申辩》40a2-41b1,《斐多》63b4-c6,64a1-c2等。

◎ 第五章　作为实践技艺的虔敬(11e6 – 15c10)

似平常的例子中,似乎已经暗示了虔敬的某种本质特征。柏拉图并没有将这一点明示于人,而是将虔敬的探讨引入第三种情形。

4. 侍奉作为一种可能的虔敬之理解

在讨论第三种情形之前,我们先来看一下一个关键的说法。在接下来的对话中,苏格拉底说道:"本来你已经站在那个节骨眼上了,但又避开了,要是你刚才回答了我,我早就从你这儿学会了什么是虔敬。"(《游》14c – 5)这里说的"本来",显然是指苏格拉底之前将游叙弗伦奴隶照料主人的说法复述为一种侍奉。而"节骨眼",指的是本来已经非常接近虔敬之本质的了解了。苏格拉底在这里,似乎是说,对诸神的侍奉的探讨正是最接近本质的地方,而现在话题又从那切近处游走了。这是否暗示着对虔敬的某种可能理解?

游叙弗伦提出,虔敬就是对诸神的侍奉。苏格拉底反驳了作为照料技艺的虔敬和作为主仆侍奉技艺的虔敬。但这并不意味着苏格拉底推翻了虔敬就是对诸神的侍奉这一观点本身。恰恰相反,许多研究者认为,柏拉图或苏格拉底在这里,可能暗示了虔敬的本质即在于对诸神的某种侍奉。只不过这种侍奉是一种苏格拉底式的独特的侍奉,不同于民众所理解的那般。

在《申辩》中,苏格拉底就提到他对神的侍奉(《申辩》30a)。在这里,游叙弗伦也将虔敬定义为对诸神的侍奉。将虔敬理解为对诸神的侍奉,这是一种普遍流行的观点。关键在于,苏格拉底对这里的侍奉做出了自己的独特理解。弗拉斯托斯(Vlastos)甚至认为,苏格拉底对诸神的侍奉,是对虔敬本质的核心理解①。

那么,什么是苏格拉底对神的侍奉?苏格拉底认为,对神的侍奉就是他自己所做的,即提升自己和别人的灵魂,而提升灵魂的途径就是"认识你自己"。这种理解的落脚处就是德尔菲神谕,即"没有人比苏格拉底更聪明"。起初,苏格拉底不明白神为什么要这样说。经过一番探究,才认识到神的意思:苏格拉底能自知无知,而其他人以无知为知。因此,苏格拉底将德尔菲铭文"认识你自己",作为自己对神的侍奉。

在苏格拉底看来,认识你自己,既是阿波罗的命令,也是诸神的目的。诸神的目的就是使人认识自己,获得关于自我的知识。这种自我认识的追求活动,即哲学的活动,自然也就成了对诸神的最好的侍奉②。从侍奉的角度来说,诸神对人类生活的目的就在于"认识你自己",那么,有助于完成这一目的的行为就是虔敬的,而障碍这一目标的行为则是不虔敬的。于是,哲学探求就是一种虔敬的行为。就此而言,在《游叙弗伦》中,对虔敬概念的考察也可以看作是对神的侍奉。

当然,对诸神的目的,或诸神的命令的领会,不是一件人人可以做到的事情。苏格拉德自己也是兜了一圈,通过种种的验证,才明白了德尔菲神谕的意义。苏格拉底对虔敬本质的认识,

---

① Gregory Vlastos, *Socrates: Ironist and Moral Philosopher*, Cambridge University Press, 1991, p. 175.
② Maureen A. Eckert, *In Pursuit of Piety: A Translation and Interpretation of Euthyphro*, p. 131.

对传统宗教和大多数人来说,无疑是陌生的,颇具革新色彩。

对传统的仪式性的诸神信仰来说,人与神的关系不自觉地表现为一种交易。城邦人通过对诸神的献祭和祈祷,希望一种超自然的力量,即人格化的诸神帮助实现自身的目的。比如保佑城邦的安宁富足,家人朋友的健康,等等。其实这种意义上的人神关系,恰恰是其内部发生冲突矛盾的基础。诸神作为人格神的存在,个人喜好不同;而人的目的愿望不同,其向诸神请求的帮助也不同。这种缺乏内在规范的交易行为,必然导致彼此的信仰行为之间的冲突。乃至发展为城邦之间,在不同城邦神护佑下的战争。在城邦之间频繁交流,城邦神相互渗透的情况下,神话神学更容易暴露出这种内在矛盾。而柏拉图生活的时代,正是这样一个时代。他们敏锐地观察到了其中的困难,并试图为之寻找解决的途径。

苏格拉底认为,要成为规范之来源的诸神,不能带有人所具有的种种缺陷,他们自身应该是完满的,因而他们不需要从人身上获得任何可以改进或完满的东西。而缺憾是人的缺憾,诸神由于是善的掌握者,他只是向人发出了自我完善的要求。这也是诸神之纯善无恶的表现。而这种理解,在古老的诸神崇拜中,无疑是不可想象的。他们虽然也感到神话神学的矛盾,但他们的本能反应,就是承当这种矛盾,而不是反思其本身的问题,以维持一种权且的秩序与安全。他们不会理解,苏格拉底的探求,正是真正的秩序所赖以可能的基础①。

---

① 参见 Maureen A. Eckert, *In Pursuit of Piety: A Translation and Interpretation of Euthyphro*, pp. 120 - 121。

5. 作为交易的技艺

在前两种情形中,柏拉图对人们普遍接受的观念,即虔敬是对神的照料,作了一番深入剖析。结果发现,这一说法并没有正当的依据。于是探讨推进到第三种情形。

苏格拉底虽然意识到游叙弗伦已经很不耐烦,但仍然不肯罢休,继续追问对神的侍奉究竟能带来什么好结果。游叙弗伦作了最后的努力,不得不从普遍接受的看法中寻求最可靠的理解。他说,如果一个人懂得祈祷和献祭,说一些话做一些事让神欢心,那么这些就虔敬,能保佑每个家庭,也能保佑城邦的公共生活。与此相反,若不能取得诸神的欢心,那么这些事情就不敬神,它就会颠倒一切、摧毁一切。

游叙弗伦的这一回答,包含三个要点。第一,这一定义指明虔敬的有用性,即做这些虔敬的事情,无论对家庭还是城邦都有好处。这是合理的部分,虽然游叙弗伦并不知晓虔敬在何种意义上是有用的,或者说虔敬如何实现其有用性。第二,游叙弗伦将诸神的喜好作为虔敬行为的标准,这与前面所犯的错误同出一辙。第三,他将敬神或者虔敬的行为具体地阐释为祈祷和献祭,其实正是传统虔敬观的看法。苏格拉底对这一回答,没有马上表态,而是抱怨说,游叙弗伦本来应该把要点说得更简洁些,游叙弗伦是存心不想教他。之前,苏格拉底问游叙弗伦对神的照料能产生什么样的好结果?游叙弗伦只是说,会有很多好结果。这里至少明确了得到好处的对象——家庭和城邦。不过,

◎ 第五章　作为实践技艺的虔敬(11e6-15c10)

究竟是什么样的好处,还是没有什么说法。苏格拉底于是叹息说,"本来你已经站在那个节骨眼上了,但又避开了,要是你刚才回答了我,我早就从你这儿学会了什么是虔敬"(《游》14b5,14c1-3)。

苏格拉底说,爱者必定追着被爱者引导的方向走。表面含义是,自己要做学生,向游叙弗伦请教什么是虔敬,因而他是跟随着老师游叙弗伦引导的方向走的。事实上,引导对话方向的其实是苏格拉底,而非游叙弗伦。问题在于,游叙弗伦对苏格拉底并没有那种"爱"的关系,而且,他也不是主动地"追"着苏格拉底走,毋宁说是出于无奈地被苏格拉底牵着鼻子走。

苏格拉底继续追问,虔敬是不是一门关于献祭和祈祷的学问? 在这里,虔敬被理解为一种知识,这与他著名的知识即美德的论断是一致的①。在得到游叙弗伦的肯定之后,苏格拉底将这一定义具体理解为,献祭就是给诸神送礼物,而祈祷就是对神有所祈求。游叙弗伦显然很高兴,认为苏格拉底完全抓住了他的意思。苏格拉底再次表达了他的诚意,"因为我渴望你的智慧,一直聚精会神地听,所以只要是你说的,我绝不让它落空"(《游》14d4-5)。接着,苏格拉底提出,合理的祈求就是祈求一些我们需要从诸神那里得到的东西,而合理的给予就是像送礼物一样,给予他们碰巧需要从我们这里得到的东西(《游》14d910,14e1-2)。游叙弗伦同意了这种说法。

苏格拉底在这里事实上是以人的需要来推测诸神的需要。

---

① 在柏拉图早期对话中,知识意味着做正确的事,错误被理解为无知(《克里同》49a,《申辩》25d-26e)。

这种做法不一定恰当,但是却为大多数人所默认。正是这样一个前提,导致虔敬似乎成了人神之间的一种交易。然而,作为一种交易,首先意味着交易的双方具有某种平等的地位,且各自都有无法自给的需求。将虔敬视为人神之间的一种交易,无疑包含着对诸神神圣性、自足性、及其相对于人的绝对超越性的根本贬损。游叙弗伦竟然愿意接受苏格拉底这种提法,而即使是大多数人,一般也很难接受这样一种说法。游叙弗伦此时已经黔驴技穷,也找不出其他更合适的说法。苏格拉底的反应代表了大多数人的正常反应,他说:"除非这恰是事实,要不然我才不愿这么说呢。"

在这场交易中,一方面,诸神对我们的好处人所共知,虽然苏格拉底没有进一步追问究竟好在什么地方;另一方面,诸神从我们这里得到那些礼物,对他们有什么好处却并不明了。苏格拉底进而推出,难道我们比诸神更会做生意?因为很显然我们从他们那里得到所有的好处,而他们从我们这里可能一无所获。游叙弗伦不甘心他的说法又一次落空,所以还在极力强调,诸神会从我们给的东西中得到好处。面对苏格拉底的再次追问,游叙弗伦提出,诸神得到的好处就是他说过的感恩、敬重和崇敬,这是所有东西中最宝贵的。但这样一来,虔敬的定义不就重新回到了为神所喜吗?

于是,苏格拉底开始抱怨,游叙弗伦的话老是转来转去停不下来。他比代达洛斯更厉害,让话绕着圈子转。苏格拉底指出,游叙弗伦之前已经承认虔敬与为神所喜不是同一回事,现在又说虔敬就是为神所喜。面对这种质疑,游叙弗伦确实无话可说。在这种情况下,还是走为上策。

第五章　作为实践技艺的虔敬（11e6 – 15c10）

即便诸神确实不从我们这里得到任何好处，而我们却从他们那里得到所有好处，仍然可以对我们的虔敬行为有所理解。虔敬不是一种驯养的技艺，也不是主仆照料的技艺，更不是一种交易。粗看起来，这三个小回合的探讨归于失败，但探讨本身已经暗示了虔敬行为的合理依据。从这个意义来说，虔敬行为是人安排的一出独角戏。这出戏完全是出于人的需要，而与诸神无关。就此而言，所谓的不敬神不可能存在，苏格拉底也不可能犯不敬神之罪。

倘若我们将这三个小回合看作第三个定义，即虔敬作为一种实践技艺，可以看到，三个定义有一个由高往低的发展过程①。在游叙弗伦的第一个定义中，他将诸神的行为看作标准，宙斯的所作所为就是人的行为的模型。在第二个定义中，诸神的感情偏好成为虔敬的标准②。在第三个定义中，不再以诸神为切入点，而是在人神关系中，甚至以人为出发点来把握虔敬之理解。在这一过程中，探讨似乎越来越接近虔敬（敬神）的实质。第三个定义作为这篇对话的高潮部分，暗含着诸神的真正位置以及虔敬行为的本质。

---

① 施特劳斯：《论〈游叙弗伦〉》，见贺照田主编：《西方现代性的曲折与展开》，第192页。柏拉图对话的正常程序是由低到高的上升，而《游叙弗伦》则是从高到低的下降。
② Maureen A. Eckert, *In Pursuit of Piety: A Translation and Interpretation of Euthyphro*, p.79.

结　语
逃匿的普洛透斯(15c11－16a4)

苏 那我们还得回过头来重新开始,来思考什么是虔敬。除非我把它学到手,要不然我决不罢休。[15d]你可别小瞧我,还是集中全部精力,把真理告诉我吧。这世上倘若还有人知道真理的话,那肯定是你。就像对普洛透斯一样,我也绝不会放过你,除非你说出真理。因为,要是你对虔敬与不虔敬(τό τε ὅσιον καὶ τὸ ἀνόσιον)没了解那么清楚的话,[d5]你绝不会为了一个雇工,要告你那年迈的父亲杀人。否则,你肯定害怕冒犯诸神,也害怕被民众耻笑,而不敢这么做。所以我敢肯定,你对[15e]虔敬与不虔敬(τό τε ὅσιον καὶ μή)必定知道得一清二楚。我的老朋友游叙弗伦哟,告诉我吧,别再隐瞒你的想法了。

游 [e5]改天再说吧,苏格拉底。这会我还急着赶路,得走了。

苏 老朋友,你怎么能这样呢?你这一走,岂不让我的巨大期望落空:我原以为可以从你这里学到什么是虔敬,什么是不虔敬(τά τε ὅσια καὶ μή),好摆脱米利都的指控。我想告诉他,[16a]我已经从游叙弗伦那里学聪明了,知道了诸神事宜,我不会再因无知而盲目行事或革新神道了,而且,我要更好地度过我的余生。

苏格拉底建议,他们从头开始考察什么是虔敬,并且发誓,除非把这学到手,要不然绝不罢休。他恳求游叙弗伦千万别小看

结语　逃匿的普洛透斯(15c11—16a4)

他,还是集中精力把这个真理告诉他①。苏格拉底说,就像对普洛透斯一样,他绝不会放过游叙弗伦,除非游叙弗伦告诉他真理。

普洛透斯是"一位说真话的海中老神……他知道大海的所有幽深之处"②。苏格拉底在这里将游叙弗伦比作普洛透斯,一则表明游叙弗伦知道所有诸神的秘密,因为他自称是诸神事宜的专家;二则说明游叙弗伦也是变化多端,普洛透斯可以随意地变换形状来摆脱别人的追问,而游叙弗伦也不断改变他的立场。于是,苏格拉底就要效仿墨涅拉奥斯,紧紧抓住游叙弗伦不放,逼他说出真理。

在《奥德赛》第四卷,墨涅拉奥斯讲述了普洛透斯的故事③。当时他和同伴们被困在孤岛上,他知道肯定因为自己在什么地方得罪了神灵,才遭受这样的处境。但是他既不知道得罪了哪位神,也不知道如何取悦他。只有普洛透斯知道所有的秘密,但是普洛透斯可以随意地变换形状,以回避别人的问题。幸亏有女神艾伊多特娅(Eidothea)的帮助,墨涅拉奥斯终于抓住了普洛透斯,直到他答应说话。这位海中老神向墨涅拉奥斯明言,他"原本应该向宙斯和其他众神明奉献丰盛的祭品,求他们让你尽快度过酒色的大海,返回自己的家园"④。墨涅拉奥斯与苏格拉底都处在生命攸关的时刻,前者因为抓住了普洛透斯,知道了要向诸神献上该献的祭品,从而重返了家园。苏格拉底也抓住了

---

① 苏格拉底追着游叙弗伦问,何为敬神,但他自己却不能或者不愿说出自己对此是如何想的。参见简·艾伦·赫丽生:《希腊宗教研究导论》,广西师范大学出版社,2006年,第2—3页。
② 荷马:《奥德赛》卷四,384—385,王焕生译,人民文学出版社,2000年,第74页。
③ 同上书,第348—570页。
④ 同上书,第472—474页。

苏格拉底的敬神——柏拉图《游叙弗伦》疏解

他的"普洛透斯",只是没有问游叙弗伦,他该做什么或者应该献上什么样的祭品①,而是问了一个纯理论的问题,"什么是虔敬?"②苏格拉底最终没能摆脱城邦的审判,是不是也与此有关?

荷马笔下的普洛透斯确实拥有某种特殊的智慧,这种智慧也确实能让人摆脱困境。但苏格拉底的这位"普洛透斯",是否真的像他自己宣称的那样,是诸神事宜的专家,值得怀疑。至少,从这篇对话来看,游叙弗伦似乎并不拥有让别人摆脱困境的特殊智慧。

苏格拉底或许并没有期望通过游叙弗伦"传授真理"而摆脱指控,进行这番对话,是想以这种特殊的方式教育游叙弗伦,或者像游叙弗伦一样的年轻人。当然,这里有一个直接的目的是希望游叙弗伦放弃对父亲的指控。也就是让游叙弗伦认识到,其告父行为并不像他原先想象得那样具有明显的正当性。苏格拉底说:"要是你对虔敬与不虔敬(τό τε ὅσιον καὶ τὸ ἀνόσιον)没了解那么清楚的话,你绝不会为了一个雇工,要告你那年迈的父亲杀人。否则,你肯定害怕冒犯诸神,也害怕被民众耻笑,而不敢这么做。"(《游》15d3-6)苏格拉底实际上在警告游叙弗伦,如果不把这个问题搞清楚的话,他这样行事,很可能落个大不敬的下场,也会遭到民众的不满。苏格拉底继续说,他敢肯定,游叙弗伦对这些必定知道得一清二楚,而且恳求游叙弗伦别再隐瞒他所知道的东西。游叙弗伦一开始确实相信自己知道什么是虔敬,而当明白自

---

① 参见《斐多》118a3-4,苏格拉底临终前交代克里同别忘了给医神献上一只公鸡。
② 施特劳斯:《论〈游叙弗伦〉》,见贺照田主编:《西方现代性的曲折与展开》,吉林人民出版社,2002年,第193页。

○ 结语 逃匿的普洛透斯(15c11—16a4)

己的真实处境之后,只能溜之大吉。

苏格拉底似乎还在那里抱怨,游叙弗伦丢下他不管,就好像他的父亲丢下那位雇工一样。似乎是说,他原可以从游叙弗伦那里学到什么是虔敬,什么不虔敬,以摆脱米利都的指控,但游叙弗伦对苏格拉底见死不救。当然,与其说游叙弗伦不愿意,还不如说他根本没办法。而苏格拉底正好相反,以自己的方式对游叙弗伦行义。他不厌其烦地缠着游叙弗伦问什么是虔敬,以这种特殊的方式让游叙弗伦对自己行为的依据加以反思,从而避免鲁莽的破坏性行为。

我们不知道游叙弗伦的溜之大吉,是否意味着游叙弗伦经过苏格拉底的追问,放弃了对其父亲的指控[①]。如果游叙弗伦真的因为与苏格拉底的此番对话,而动摇其未经反思的虔敬的信念,这倒是一件好事。由此,我们可以确信苏格拉底的哲学方式,本身即是一种实践的方式,他的思考直接影响了现实的行动。然而,我们也需要看到,游叙弗伦虽然鄙弃民众、孤高自傲,对诸神事宜的看法也有僭越的一面,但他最终的依据仍是传统神话神学。就此而言,他的虔敬观代表了大多数人的普遍想法。这种大众信仰,是否可能因为苏格拉底的诘问,而发生根本的改变?虔敬定义的澄清,难道真的可以用来驳斥长久以来的偏见和指控吗?事实上,我们看到,城邦民对苏格拉底的真正意图,并没有认真领会,他们甚至也不在乎苏格拉底想要做的究竟是

[①] 艾克特认为经过这次谈话,游叙弗伦放弃了指控,并对自己诸神事宜的专长产生了怀疑,不再继续宣称自己对宗教的特别见解。参见 Maureen A. Eckert, *In Pursuit of Piety: A Translation and Interpretation of Euthyphro*, The City University of New York, 2004, p.143, 144-145.

什么。

不管怎样,苏格拉底还是付出了他的教育。在游叙弗伦面前,苏格拉底自认学生,希望从游叙弗伦那里学到什么是虔敬,以便打赢自己的官司。这显然不是他的初衷。苏格拉底所在意的并不是自己能否赢得这场官司,也许他根本就已料定他的官司不可能通过知识的申诉而获胜;他更不可能认为,游叙弗伦真正具有这方面的知识。苏格拉底这次不情愿的谈话,更像是为了救疗游叙弗伦的自负,让他反鉴自己的无知和鲁莽。这正是苏格拉底自任的使命。当然,这不代表苏格拉底的对话不是出于诚恳。苏格拉底是想呈现虔敬问题的复杂性,并指明进一步探讨的方向。

苏格拉底追问虔敬的理型,唯有知道了虔敬的本质,我们才有一个标准来判断具体的行为是虔敬,或不虔敬。任何的指控都要以关于虔敬的知识为前提。在对话的尾声,苏格拉底再次提到"革新"。似乎是在暗示,如果没有关于虔敬的知识,那么关于他"革新神道"的指控也将是不着调的。或者说,这种"革新"是否代表不虔敬,也将成为问题。当然,米利都和众人们不需要,也不可能这样探问虔敬的本质。如果那样,他们就已经成了苏格拉底的信徒。他们所据以判定苏格拉底的,正如苏格拉底在《申辩》中所说的,来自那些长久以来的偏见。

对苏格拉底自己而言,他需要面对的不仅仅是自己不虔敬的指控,还要面对传统诸神信仰所面临的困境。从柏拉图和色诺芬的描绘来看,苏格拉底或许并不排斥超越的诸神,他无法接受的是诸神之间相互争斗和算计的故事。在他看来,如果诸神智慧远超人类,他们就应当对善和美德有确切知识。诸神只能

○ 结语　逃匿的普洛透斯(15c11—16a4)

成为善的原因。因而,对诸神的侍奉作为一种对虔敬的可能理解,就是通过人的自身行动实现灵魂美德的实践活动。

苏格拉底最后说:"我要更好地度过我的余生。"这种现实的伦理生活的关照正是他毕生的追求,也是虔敬问题的最终归宿。如果传统虔敬观不能为"我们应当如何生活"提供足够的依据,那么,我们需要一种怎样的虔敬观,以便使我们过上美德的生活？或许,德尔菲神谕"认识你自己",作为苏格拉底的哲学使命,正是我们思考和实践虔敬的正确方向。

附录一

柏拉图的虔敬神学

——以《游叙弗伦》为论述中心①

---

① 本文发表于台湾《哲学与文化》(AHCI),2012 年 12 月号。

苏格拉底的敬神——柏拉图《游叙弗伦》疏解

引言：智者的启蒙

  古代的诸神信仰不仅在雅典城邦的形成过程中扮演着重要角色，而且在城邦制度、习俗和法律等方面中也占据着重要位置①。然而，当时的诸神信仰偏于外在仪式，缺乏神圣典籍，只能为人们的行为提供十分模糊的指导。"在伊奥尼亚自然哲学和智术师的攻击之下，传统宗教的威信日益衰落。"②自然哲学家对世界之始基的惊异探求，开始动摇世代相传的诸神观念③。而后来出现的智术师，给诸神信仰带来更大冲击。他们引发了一场关于习俗与自然的争论，即传统的宗教信仰、道德和法律究竟是基于自然，还是基于不同的习俗④。虽然，智术师学说使希腊哲学转向研究人本身，并为青年的系统教育发挥了巨大的作用，然而，其学说中同时潜伏着一种巨大的危险，他们以

---

① 忒修斯统一当时的十二联邦时，宣布以雅典神庙作为整个阿提卡的宗教中心。于是，雅典的统一才有了真正基础。参见库朗热：《古代城邦——古希腊罗马祭祀、权利和政制研究》，谭立铸等译，华东师范大学出版社，2006年，第120页。
② 策勒尔：《古希腊哲学史纲》，翁绍军译，山东人民出版社，1996年，第102页。
③ 如阿那克萨戈拉因宣称太阳是块红热金属而被控不敬神。参见第欧根尼·拉尔修：《名哲言行录》，马永祥译，吉林人民出版社，2003年，第87—93页。
④ 斯通普夫：《西方哲学史——从苏格拉底到萨特及其后》，匡宏等译，世界图书出版公司，2009年，第26页。

◎ 附录一　柏拉图的虔敬神学——以《游叙弗伦》为论述中心

其相对主义从根本上动摇了宗教、城邦和家庭现存的权威①。库朗热则认为,这些智术师拥有一种攻击古老传统的热情,他们以辩论术为手段,用一种所谓的正义来替代古代的一切习俗之法。这种辩论术不可避免地将人们的思想引向了自由之境界,同时也极大地冲击了城邦生活的神圣基石②。因此,在智术师启蒙的冲击之下,传统的诸神信仰面临着极大的困境。

对于这种诸神信仰,奥古斯丁在《上帝之城》中区分了三种神学:神话神学、自然神学和公民神学。神话神学存在于诗人虚构的神话故事中,又称诗人神学;自然神学指哲学家依赖自然和理性来探究神的存在,又称哲学家神学;公民神学指城邦的大祭司们所践行的神学,又称政治神学③。就现实而言,希腊城邦的诸神信仰正是以神话神学和政治神学为显著特征的。也就是说,诸神信仰在内依据于诗人的神话神学,在外则表现为以献祭等仪式为特征的政治神学。因而可以说,希腊城邦诸神信仰所面临的深刻危机,恰恰是神话神学和政治神学内部所蕴含之问题的必然表现。那么,身处其中的柏拉图是如何看待古代诸神信仰危机的必然性,又通过何种努力为个人和共同体生活找寻出更为可靠的信仰基础呢?笔者试图以《游叙弗伦》④为论述中心,通过对苏格拉底与游叙弗伦关于虔敬的三个定义的探讨,试

---

① 策勒尔:《古希腊哲学史纲》,翁绍军译,第100页。
② 库朗热:《古代城邦——古希腊罗马祭祀、权利和政制研究》,谭立铸等译,第329—335页。
③ 奥古斯丁:《上帝之城》,王晓朝译,人民出版社,2011年,第172—173、242—245、260页。
④ 本文中所引用的《游叙弗伦》,均出自顾丽玲译《游叙弗伦》,华东师范大学出版社,2010年。

图厘清:第一,柏拉图如何展现诸神信仰作为神话神学的内在困境;第二,他如何看待诸神信仰作为政治神学的正当性;第三,在此基础上,柏拉图又如何通过提出虔敬之"理型"来克服神话神学和政治神学所面临的困境,实现古代信仰从诸神到理型的根本转向,确立虔敬与那个"一"的关系,并试图探究柏拉图的这一神学转向何以对新柏拉图主义尤其是普罗提诺乃至奥古斯丁的神学思想产生一定影响。

一、诸神信仰作为神话神学

1. 何为虔敬

《游叙弗伦》通篇围绕虔敬这一主题展开。对话试图回答一个问题,即什么是ὅσιος[①](虔敬)?据韦斯特的考证,ὅσιος在希腊文中通常指神分派给人的东西。这里包含两层意思。第一,神要求人完成的事情,这不仅包含人与人之间依据宗教法则而言的正确相处,也包含人对神应有的态度;第二,神允许普通人做的事情,或赐予普通人的东西[②]。前者对人而言侧重于被动意义,倘若人没有履行神的这些要求,就可能被认为是不虔敬或不敬神。而后者则侧重于主动意义,即人可以做那些神所允许的事,如果人

---

① 在《游叙弗伦》中,关于虔敬柏拉图还使用了另一个希腊文单词,即εὐσεβές(敬神)。εὐσεβές的意思与ὅσιος相似,不过,根据柏拉图在具体语境中运用,εὐσεβές大多用于指称某个具体的虔敬行为或事件,而在普遍意义上讨论虔敬概念时往往都用ὅσιος。

② Thomas G. West and Grace Starry West, *Four Texts on Socrates*, *Plato's Euthyphro*, *Apology*, *and Crito and Aristophanes' Clouds*, Cornell University Press, 1995, p. 45.

没有做这些事,一般情况下也并不会被认为是不虔敬或不敬神。当然,《游叙弗伦》的讨论主要侧重于第一层面的含义。

那么,这种体现为神的要求和应允的诸神信仰能否为善的生活提供足够的依据或保障呢?在《游叙弗伦》中,对话双方三次试图对虔敬加以定义。尤其在第一个定义和第二个定义中,柏拉图向我们表明这种以神话神学为依据的诸神信仰被一些不可避免的内在矛盾所困扰。人们依靠这种信仰来寻求引领,必然带来混乱和冲突。

2. 模仿诸神

首先,我们来看关于虔敬的第一个定义。由于苏格拉底当时已经受到不敬神的指控,而游叙弗伦又自诩为诸神事宜方面的专家,于是苏格拉底装成学生向游叙弗伦请教什么是虔敬。游叙弗伦回答,他现在所做的事(即指控父亲)就是虔敬。因为宙斯的父亲不义地吞噬了自己的五个儿子,宙斯以其人之道还治其人之身,将自己的父亲捆绑起来阉割了①。人们赞成宙斯的这一做法,还将宙斯看作是最好、最正义的神。于是,游叙弗伦认为自己指控父亲杀人,不过是在模仿宙斯而已(《游》5d8 - 6a5)。在这里,游叙弗伦给出了一个形式上不完全的答案②。这个答案的真正含义是,虔敬即做神所做。事实上第一个定义也并非严格意义上的"定义",而只是经验的列举。

我们暂且不讨论宙斯这个例子与游叙弗伦的处境是否具有可比性。这里首先碰到的问题是彻底模仿诸神是否可能。倘若

---

① 柏拉图:《游叙弗伦》,顾丽玲译,第44页脚注。
② 施特劳斯:*The Rebirth of Classical Political Rationalism*,载贺照田主编:《西方现代性的曲折与展开》,吉林人民出版社,2002年,第185页。

真如游叙弗伦所言:虔敬即做神所做,那么,游叙弗伦的意思似乎就是:我们要效仿宙斯,才算得上虔敬。但宙斯自己并不服从任何人,那么,如果我们要效仿宙斯,我们就不该服从任何人,包括宙斯。于是,只有当我们不服从宙斯的时候,才恰恰是我们最敬宙斯的时候①。

苏格拉底并没有指出游叙弗伦的第一个定义所包含的这一内在矛盾,而只是抱怨,游叙弗伦的回答只给出了一两件虔敬的事,而他所关心的是,所有虔敬之事之所以虔敬,它的"εἶδος"(理型)②是什么(《游》6d10 - 11)? 于是,游叙弗伦给出虔敬的第二个定义。

3. 为神所喜

游叙弗伦给出的第二个定义是,为神所喜就是虔敬,否则就不虔敬(《游》6e10 - 7a1)。这个形式上为普遍定义的答案并没有令苏格拉底满意。苏格拉底用自己的话复述了游叙弗伦的这一定义:"为神所喜的事,为神所喜的人,都虔敬;为神所恶的事,为神所恶的人,都不虔敬。虔敬与不虔敬不仅不相同,还彼此对立哩。"(《游》7a6 - 9)这里,苏格拉底已对原定义作了第一次修改,以避免其中包含的一个显然的错误。原定义意味着:不为神所喜的

---

① 参见顾丽玲:《从〈游叙弗伦〉看苏格拉底的敬神》,《现代哲学》2007 年第 3 期,第 129 页。
② εἶδος(理型),或译为"理念"、"相"。据柏奈特考证,εἶδος最初是一个用来说明几何图形的词,后来它几乎完全被σχῆμα(外形、形式、模样、样子、姿态、样式、图形、天象等)所取代。比如,当我们说"这是一个三角形"时,无论某个特殊的三角形它的边长如何,对于谓词"三角形",它必定有一个相同的特征性本质。苏格拉底想要追问的正是虔敬的这个特征性本质。参见 John Burnet, *Plato's Euthyphro, Apology of Socrates and Crito*, Oxford University Press, 1979, p. 111。

一定不虔敬。但事实上,不为神所喜不一定为神所恶,而只有那些为神所恶的才不虔敬。对于那些既不为神所喜,又不为神所恶的事情根本谈不上虔敬不虔敬。因此,虔敬还是不虔敬,并不是非此即彼的关系。这是苏格拉底针对游叙弗伦的第一层反驳。

接着,苏格拉底继续第二层反驳。其出发点是游叙弗伦承认诸神会因这类关乎正义与不义、高贵与耻辱、好与坏的事物而意见不合。游叙弗伦将虔敬定义成为神所喜,但不同的神有不同的喜好,对同一事物,不同的神有不同的看法。于是,同一事物,可能既虔敬又不虔敬。为解决这一问题,苏格拉底主动将第二个定义修正为:所有神都厌恶的东西就不虔敬,所有神都喜爱的东西就虔敬(《游》9d2-4)。

那么,虔敬究竟是因为为神所喜而虔敬,还是因为虔敬而为神所喜?苏格拉底在对话中向游叙弗伦举了一大堆的例子,最后迫使游叙弗伦得出这样一个结论:虔敬的东西被喜爱是因为它虔敬,而非因为被喜爱而虔敬。于是,苏格拉底抱怨游叙弗伦只是给出了虔敬的一个属性,即为神所喜,而没有给出虔敬的真正本质(《游》11a6-9)。也就是说,虔敬作为虔敬本身有一个不变的本质,这个本质也就是苏格拉底一再追问的虔敬之"理型"。

从上面的分析,我们可以看到,游叙弗伦给出这两个定义的内在依据,实际上就是诗人的神话故事。而在对话中,苏格拉底则非常审慎地表达了他对这样一类故事的保留态度(《游》7d8-9,7e2-8a1)。因为这类神话故事中充斥着大量的有关诸神之间意见不合、相互争斗的故事。不同的神有着不同的喜好,一件事情有可能为这些神所喜,而为另一些神所恶。就像游叙弗伦去指控父亲这件事,可能为宙斯和赫菲斯托斯所喜,却为克洛诺斯、乌拉诺斯和赫拉所恶(《游》8b1-4)。人们无论是模仿诸神,还是取悦诸神,都会不可避免地陷入困境。

事实上,这种对神话神学的隐忧和批判,一直是柏拉图关注的主题之一。在《理想国》中,他区分了好的故事和坏的故事,提出要接受那些编得好的故事,而拒绝那些编得坏的故事。这里所谓的坏故事,就是指"赫西俄德和荷马以及其他诗人所讲的坏故事",因为它们甚至"把最伟大的神描写得丑恶不堪"。柏拉图认为,诗人所编的这类故事不应该在城邦中多讲,"更不应该把诸神或巨人之间的争斗,把诸神与英雄们对亲友的种种怨仇作为故事和刺绣的题材"。这一类故事会对城邦公民产生误导,乃至产生这样的想法:"对一个大逆不道,甚至想尽方法来严惩犯了错误的父亲的人也不要大惊小怪,因为他不过是仿效了最伟大的头号天神的做法而已。"(《理想国》377c-378e)我们发现,游叙弗伦正是这类故事的典型受害者。而所谓好的故事,则是那些能够彰显神之所以为神的本质的故事。事实上,就神的本质而言,"柏拉图把诸神定义为善的存在和美德的热爱者"[①]。他认为,无论史诗、抒情诗,还是悲剧诗都应该写出神之所以为神的根据,即神的本质。诸神只能成为好的事情的原因,而绝不能成为坏的事情的原因。也就是说,诸神只对人类一切好的事物负有责任(《理想国》379a-c)。

在柏拉图的基础上,后来的思想家也对于神话神学做过进一步的批判。西塞罗批评神话神学那种神人同形同性的观念。他认为,神话神学是无知的迷信,以人的观念来塑造神,想象出

---

① 奥古斯丁:《上帝之城》,王晓朝译,第324页。

神的性别、服饰、家谱、婚姻、等级之类的形象,甚至把人的种种欲望给予神①。而奥古斯丁则认为这种诗人的神学充满了"色情和卑鄙",是公开宣扬罪恶。如果这些事情进入我们的心灵,得到我们的首肯,就会污染我们的生命②。

总之,柏拉图通过对虔敬定义的探讨,向我们逐步展现了诸神信仰作为神话神学其内部所具有的不可调和的矛盾。它无法真正有效地引领人们走向善的生活。但是柏拉图并没有因此彻底舍弃古代诸神信仰。随着对话的展开,古代诸神信仰作为政治神学的正当性被进一步展现出来。

二、诸神信仰作为政治神学

1. 不可或缺的实践技艺

虽然古代诸神信仰存在不可调和的内部矛盾,然而对特定历史时期的个体和城邦共同体生活而言,具有举足轻重的意义。在《游叙弗伦》中,柏拉图通过对话提供的虔敬的第三个定义,向我们暗示了古代诸神信仰作为政治神学的正当性。

通过前面两个定义(即做神所做和为神所喜),苏格拉底已经将虔敬与诸神的喜好区分开来。接下来的第三个定义即作为实践技艺的虔敬(包含三个小回合),则在正义的基础上来探讨虔敬。苏格拉底通过敬畏与恐惧的关系以及数目与偶数的关系这两个例子,引

---

① 西塞罗:《论神性》,石敏敏译,香港汉语基督教文化研究所出版,2001年,第31—32页。
② 奥古斯丁:《上帝之城》,王晓朝译,第246—247页。

导游叙弗伦接受这样一个结论,即虔敬是正义的一部分。"为了让虔敬成为正确行为的原因,虔敬本身就必须提供一种能够引领虔敬者的知识。而唯一可以得到的独立的、实践的模型就是技艺。"① 作为实践技艺的虔敬在此基础上得到展开讨论。

2. 作为三种技艺的虔敬

首先,虔敬作为驯养的照料技艺。苏格拉底问,正义的哪个部分是虔敬的?游叙弗伦似乎终于领会了苏格拉底的问题,"敬神且虔敬的那部分正义是照料神的,而剩下的那部分正义是照料人的。"(《游》12e5-7)由此,定义"虔敬"的角度,已经从诸神的行为和喜好,转向了人——虔敬是人对神的照料②。苏格拉底接着列举了驯马师、驯狗师和牧牛者的技艺,认为驯养的技艺可以给驯养对象带来某种好处。那么,对诸神的照料技艺是否能给诸神带来什么好处,抑或能让诸神变得更好?游叙弗伦意识到,将虔敬理解为这种意义上的照料技艺行不通。

接下来游叙弗伦将虔敬理解为作为主仆的照料技艺。苏格拉底问,诸神把我们当仆人,他们能得到的极好结果究竟是什么(《游》13e10-11)?事实上,虔敬作为一种实践技艺,如果它真能带来好结果的话,包含对神和对人两方面。苏格拉底在前两个回合,只问给诸神带来什么好处③,而有意没提对人而言的好处。对人的好处在第三个回合才明确提到(《游》14d9-10,14e1-2)。不过,第二个回合提到的将军和农夫的例子,已经暗

---

① 刘易斯:《〈游叙弗伦〉义疏》,见柏拉图:《游叙弗伦》,顾丽玲编译,第159页。
② Maureen A. Eckert, *In Pursuit of Piety: A Translation and Interpretation of Euthyphro*, ProQuest Information and Learning Company, 2004, p.111.
③ 游叙弗伦在苏格拉底的一再追问下,认为虔敬给诸神带来的好处就是感恩、敬重和崇敬(《游》15a10-11)。

◎ 附录一 柏拉图的虔敬神学——以《游叙弗伦》为论述中心

含了对人方面的意义。将军的技艺所能产生的主要结果就是胜利,而农夫的技艺所能产生的结果就是生长的作物。这两种技艺有一个共同特点,即特别依赖于偶然性。柏拉图正是在这里暗示了虔敬的某种正当性。无论是个人的生存,还是共同体的生活,都充满太多偶然性,仅凭人的力量根本无以应对。这种对偶然性的恐惧源于人对其根本宿命即死亡的恐惧。或许如苏格拉底所说,只是因为人们不了解死亡或偶然,如果有所了解的话,或许就能坦然接受①。然而,由于我们对偶然性无法达到完全了解,因而对它的恐惧也无法从根本上消除。人们只有将这个难题交给诸神,祈求诸神来控制这些偶然②。于是,生命变得可以承受,哪怕人们对诸神的祈求,只是在某种程度上缓和了这种恐惧。虽然死亡对每个人而言最终都是必然的,但死亡何时到来在希腊人看来却是偶然的。正是这种对偶然性的恐惧将人们引向了永恒之彼岸。正如库朗热所说,人类思想正出于对死亡的恐惧而由可见世界进入不可见的世界,由短暂事物而进至永恒事物,由人的领域而进至神的领域③。

在前两个回合中,柏拉图对人们普遍接受的这一观念,即虔敬是对神的照料,作了一番深入剖析后发现,这一看法并没有正当的依据。于是探讨推进到第三回合,即作为交易的技艺。苏格拉底不肯罢休,继续刨根问底。游叙弗伦作了最后努力。他说,如果一个人懂得祈祷和献祭,说一些话、做一些

---

① 参见:《申辩》40a2 - 41b1,《斐多》63b4 - c6,64a1 - c2 等多处地方。
② 参见施特劳斯:*The Rebirth of Classical Political Rationalism*,载贺照田主编:《西方现代性的曲折与展开》,第 191 页。
③ 库朗热甚至将源自死亡的宗教看作是人类最古老的宗教。参见库朗热:《古代城邦——古希腊罗马祭祀、权利和政制研究》,谭立铸等译,第 13 - 14 页。

事,让神欢心,那么这些就虔敬。这能保佑每个家庭,也能保佑城邦的公共生活。反之,若不能取得诸神的欢心,那么这些事情就不敬神,它就会颠倒一切、摧毁一切(《游》14b2-7)。游叙弗伦的这一回答,实际上就是希腊人所践行的作为政治神学的诸神信仰,也就是以献祭等外在仪式为特征的信仰。苏格拉底进一步将其阐释为,献祭就是给诸神送礼物,而祈祷就是对神有所祈求。合理的祈求就是祈求一些我们需要从诸神那里得到的东西,而合理的给予就是像送礼物一样,给予他们碰巧需要从我们这里得到的东西(《游》14d9-10,14e1-2)。于是,苏格拉底最后得出:虔敬成了人神之间的一种交易。然而游叙弗伦对这一结论并不满意,在苏格拉底的追问之下,借口开溜了。

因为人无以面对生命的根本偶然,他必须依赖于信仰,虽然这种信仰仍然处于质朴的阶段。在当时的思想处境下,这种古老的信仰则是以神话神学为依据并外化为以献祭等仪式为特征的诸神信仰。因此,希腊人所践行的这种作为政治神学的诸神信仰也有其正当性,用游叙弗伦的话来说,这种信仰能"保佑每个家庭,也能保佑城邦的公共生活"。所以,在某种程度上也被认为是"有益的,值得保留"的①。

然而,政治神学虽然有其正当性,但由于其建基于神话神学之上,因此必然要遭遇与神话神学同样的命运。柏拉图也正是认识到政治神学的局限性,而提出虔敬之"理型",实现了古代信仰的一个根本转向。

---

① 奥古斯丁:《上帝之城》,王晓朝译,第247页。

三、柏拉图的虔敬转向

1. 走向理型之虔敬

在第一个定义中,游叙弗伦的论述已经暗含了作为理型的虔敬观的可能性。游叙弗伦说,他模仿宙斯而指控父亲就是虔敬,也就是说,虔敬即做神所做。然而,不同的神有着不同的喜好和行为方式,究竟模仿哪个神才是最虔敬的呢?事实上,游叙弗伦自己的表述中已经暗含了一种可能性。他将宙斯称为最好、最正义的神(《游》5e6)。这个判断实际上已经包含了一个等级的标准。游叙弗伦可以选择诸神中最好、最正义的宙斯作为行为的准则。可是问题在于,这样一来,"游叙弗伦必须知道什么是正义。他必须知道正义的理型。因为最正义的神乃是最完美地模仿正义之理型的神。但如果一个人知道正义的理型,那就没有理由说,他必须去模仿正义理型之最完美的模仿者(宙斯)。他为什么不直接模仿正义本身呢?"[①]这里所说的正义之情形同样适用于虔敬。人们同样可以直接模仿虔敬之理型本身,而无需模仿某位最完美地模仿虔敬之理型的神。

在第二个定义中,苏格拉底继续澄清了一个问题,即虔敬是因为虔敬本身为神所喜,并非因为为神所喜才虔敬。为神所喜只是虔敬的某种属性,而非本质。虔敬的本质在于虔敬之理型本身。因此,苏格拉底一再将讨论引向虔敬之理型。

[①] 参见施特劳斯:*The Rebirth of Classical Political Rationalism*,载贺照田主编:《西方现代性的曲折与展开》,第 187 页。

2. 信仰的内在化转向

那么,柏拉图的作为理型之虔敬究竟指的是什么?

εἶδος(理型)来自动词εἴδω,εἴδω的基本含义即"看见,知道"。因而,εἶδος一般指"形状、外貌、姿态、形式"等①。柏拉图选用这个词,是基于从肉眼的看(εἴδω)类推到灵魂之眼的看(知),从肉眼所看到的事物的外在形状类推到灵魂之眼才能把握的事物的内在形式②。在《理想国》中,柏拉图划分了两种世界,可感世界由肉眼所见,而可知世界由灵魂之眼见到。肉眼所见即各个具体事物,而灵魂之眼所见即事物的理型③。

《游叙弗伦》虽属早期对话,但对话涉及的关于虔敬的理型概念已具有后来理型论的一些特征④。首先,理型是普遍的,如 S is P,这幅画是美的,这人是美的……也就是说,美这个理型作为普遍不仅仅是共同谓项,而且是一种客观的性质,是一类事物自身的属性。理型作为普遍与定义相关,正如苏格拉底问游叙弗伦:"什么是虔敬?"(《游》5d7)其次,理型可以作为摹本或样本。作为样本,理型自身必定是绝对完美的。理型自身必定具有其摹本的属性,而且是它自身所代表的属性的最完美的代表。正如苏格拉底所说,一旦知道虔敬的理型是什么,就要盯住它,把它当作一个标准或模型,来确定某个行为是否虔敬(《游》6e4-7)。再次,理型可以作为假设性的原因。苏格拉底将理型

---

① 参见罗念生、水建馥编:《古希腊语汉语词典》,第237页。《理想国》596a,《斐多》102b,《巴门尼德》,132b-c。
② 参见余纪元:《〈理想国〉讲演录》,中国人民大学出版社,2009年,第178—179页。
③ 《理想国》509d-511c,517b-c。
④ 参见余纪元:《〈理想国〉讲演录》,第181—187页。

◎ 附录一　柏拉图的虔敬神学——以《游叙弗伦》为论述中心

的存在作为事物的原因,他说,如果在美自身之外还有美的事物存在,那么美的事物之所以是美的,一定是由于分有了美的理型,而不是出于其他原因(《斐多》100a)。虽然《游叙弗伦》中尚未出现分有一说①,但柏拉图已经将理型作为其原因。正如苏格拉底所说,虔敬之所以虔敬,是因为虔敬本身,而非因为别的什么(《游》10d4)。

柏拉图在对话中,多次提到虔敬的理型问题,游叙弗伦试图对此做出解答,最终都被苏格拉底推翻。也就是说,柏拉图最终并没有对虔敬之理型给出任何实质的规定性。但是,柏拉图将虔敬指向其理型,以这种对确定的理型之探求,回应了智术师的怀疑主义和相对主义,并找到了解决古代诸神信仰危机的可能方向。柏拉图提出虔敬之理型,其根本意义即在于此。

柏拉图通过虔敬之理型的提出,在某种意义上实现了信仰的内在化转向。虽然虔敬之理型是外在于人而存在,但对此理型唯有灵魂之眼才能把握。于是,灵魂成了信仰中一个不可或缺的关键因素。人只有实现灵魂的转向即从可感世界上升到可知世界,才能得到一种可靠的指引而达到一种真正善的生活。于是,信仰与灵魂的紧密关系得以构建。如果说古代诸神信仰是一种深刻依赖于神话故事而偏于外在仪式的信仰形式,那么,柏拉图在这里所提出的作为理型的虔敬所指向的是一种偏于内在化的信仰形式。这里的内在化也是在灵

---

① 台湾柏拉图研究专家彭文林先生认为,理型论中的分有思想和回忆思想在《游叙弗伦》中尚未出现。见彭文林译注:《柏拉图〈游叙弗伦〉译注》,台湾广阳译学出版社,1997年,第27页。关于柏拉图的理型论可参见该书注释29、35、36、51、60等处彭先生的细致分析。

魂与信仰的内在关联意义上来说的。因此,柏拉图也特别强调对灵魂的完善①。

结语:古代信仰的转向及对后世神学的影响

柏拉图通过《游叙弗伦》以虔敬为主题的探讨实现了古代信仰的转向。这一转向主要通过两个方面而得以实现。其一,虔敬之理型的提出,使信仰指向那个超越的"一";其二,柏拉图将虔敬与灵魂相联系,使古代信仰由外在仪式走向人的内在灵魂。柏拉图的这一神学转向经后世神学家,尤其是新柏拉图主义者②的努力而大放异彩,普罗提诺就是其中的关键人物,其思想发展深受这两方面的影响。

其一,虔敬之理型的提出,使信仰指向那个超越的"一"。这里包含两层意义。一方面,虔敬之理型这个概念的提出使得古老的信仰超越了城邦的局限,开始获得普世的价值。当时智术师就提出,各个城邦的宗教信仰道德和法律之所以呈现出差异是由于其基于不同的习俗,而非自然。柏拉图提出的虔敬之理型,则是所有城邦信仰所共有的本质特征。虔敬由诸神转向理型,其适用之范围即由单个城邦转向普世。正如《巴门尼德》所言,神的观念从原始的家庭特征和城邦特征摆脱出来,走向一种具有宇宙性纬度的观念……事实上,正是从苏格拉底开始,经由

---

① 除了《申辩》29-30,对灵魂的完善更多论述参见《斐多》64d-65d,66b-70a,81b-84b等多处地方。
② 参见谭立铸:《基督教的信仰:论证抑或叙述——从普罗克洛斯眼中的柏拉图神学入手》,见《道风:基督教文化评论》,2007年秋季号,第27期,第159页。

柏拉图的思想努力,我们才真正地看到了一个以定冠词和大写出现的神的形象①。

另一方面,虔敬之理型的提出,使古代信仰从多样性的诸神走向了单一性的"一",使信仰与那个"一"的关系得以确立。虽然古代诸神信仰作为政治神学曾对维护城邦共同体的秩序起着不可磨灭的作用,然而由于它根源于自身包含内在矛盾的神话神学,在历史的发展中必然要暴露出其脆弱的一面。柏拉图通过虔敬之理型的提出,将信仰引向一个新的方向,引向那个"一"。虔敬之理型作为超越者的"一",在新柏拉图主义那里演变成纯粹的不可言说的"神"。这就是新柏拉图主义者关于神的第一假设②。

柏拉图的虔敬之"理型"的提出,直接影响了普罗提诺对太一的阐述。柏拉图将虔敬之信仰指向了那个"一",而且对"一"本身并没有给出任何规定性。普罗提诺的太一概念从柏拉图发展而来。他认为,太一是单一的,不包含任何多样性,也没有任何双重性。正因为它里面一无所有,它才能产生出万物。也就是说,为了使"是"能够存在,太一不是"是",而是"是"的生产者。事实上,正是因为太一一无所求,一无所有,一无所需,所以它自身是完全的,甚至可以说满溢出来,它的充盈产生出它自身之外新的东西③。

柏拉图的虔敬之理型经由普罗提诺的"太一"进而影响了奥

---

① 参见谭立铸:《基督教的信仰:论证抑或叙述——从普罗克洛斯眼中的柏拉图神学入手》,见《道风:基督教文化评论》,2007年秋季号,第27期,第161页。
② 参见谭立铸:《柏拉图与政治宇宙论——普罗克洛斯〈柏拉图《蒂迈欧》疏解〉卷一研究》,华东师范大学出版社,2010年,第65页。
③ 普罗提诺:《九章集》(下册),石敏敏译,中国社会科学出版社,2009年,第562页。

古斯丁的上帝观念。奥古斯丁用基督教教义重整柏拉图和普罗提诺的理论,只要古典理论与信仰相符时,他便融而纳之;与信仰分歧时,他则纠正之①。奥古斯丁认为,这些古典理论将上帝看作一切被造物的创造者,是使一切事物可知的光明,是使一切事物得以完成的善,因为我们从他那里推导出我们本性的第一原则、教义的真理和生活的幸福②。奥古斯丁在《忏悔录》中不仅深化了对"一"本身意义的理解,而且也进一步深化了虔敬与"一"之间的神学意义。虔敬因为与上帝这个"一"的关系的确立而获得了信仰本具的意义。

其二,虔敬之理型的提出,使信仰从外在仪式转向人的内在灵魂。由于事物的理型唯有通过灵魂之眼才能看到,因此,柏拉图虔敬之理型的提出,实际上就是将古代诸神信仰这种作为政治神学的外在仪式化的信仰方式转向了内在化的灵魂。

普罗提诺不仅接纳了柏拉图这种关于灵魂与信仰的内在关联的观点,而且通过将意愿引入到对灵魂的分析中③,使灵魂的虔敬与"一"之间的关系得到进一步的深化。这是普罗提诺在柏拉图灵魂思想基础之上所作的理论提升。虔敬即在于与"太一"的合一,而恶则在于"自己与太一的分离"。普罗提诺把灵魂本体的主体性称为意愿,认为灵魂皆出于它们父神的高级世界,然而它们却忘记了自己的父神。原因何在?普罗提诺认为,灵魂的恶源于"胆大妄为",源于进入生成过程,源于最初的相异,源

---

① Warren Hollister, *Medieval Europe: A Short History*(《中古西洋史》),台北,1992年,第11、13页。
② 奥古斯丁:《上帝之城》,王晓朝译,第319页。
③ 褚潇白、章雪富:《从知识到意愿——希腊化和古代晚期哲学的转折》,载《世界哲学》2011年第2期,第276页。

◎ 附录一 柏拉图的虔敬神学——以《游叙弗伦》为论述中心

于"成为自己"的渴望①。这里的"胆大妄为",用的希腊文即是 τολμα②,这个词是新毕达哥拉斯主义者对"不定形的二"的称呼,因为"它将自己与太一分离"。因而,恶的来源在于灵魂胆大妄为的欲求,恶使得自己与太一分离。那么,怎样才能获得与太一的合一呢?这里就需要灵魂通过凝视理智,理智凝视太一,从而获得与太一的合一③。事实上,普罗提诺正是通过太一对灵魂的规整而实现对信仰的践行,因而对灵魂本身的关照是古代信仰的内在化转向的必然结果。

这种信仰的内在化转向,也与后来的基督神学的本义若合符节。正如保罗所说,人与神发生真正交往的地方是人的内心,而不是外在仪式。"因为外面做犹太人的,不是真犹太人;外面肉身的割礼,也不是真割礼。惟有里面作的,才是真犹太人;真割礼也是心里的,在乎灵,不在乎仪文。"(罗 2,28-29)可以说,柏拉图的虔敬之理型而实现的内在化转向,使信仰本身逐渐获得更深厚的内在意义。

柏拉图的虔敬神学,站在古代信仰的转折点上,实现了从外在仪式的诸神信仰到与灵魂紧密关联的虔敬之理型的转向,不仅解决了诸神信仰难以克服的内在矛盾,而且为古代信仰重新指明了一种可能的方向。这一转向开始为信仰奠定某种确定性和普遍性,并使信仰本身获得了更深厚的内在意义,且经由普罗提诺对后世信仰神学产生进一步的深远影响。

---

① 转引自普罗提诺:《九章集》(下册),石敏敏译,第 543 页。
② τολμα 为动词 τολμάω 的将来时,意为"大胆、敢于、忍受"等。
③ 普罗提诺:《九章集》(下册),石敏敏译,第 552—553 页。

附录二

苏格拉底眼中的游叙弗伦问题
——以柏拉图的虔敬观为视角①

---

① 本文原载《学术月刊》2013 年 7 月号。

苏格拉底的敬神——柏拉图《游叙弗伦》疏解

游叙弗伦"子告父罪"问题作为儒家伦理争鸣中的焦点之一,至今尚未得到充分探讨。争鸣者在某种意义上忽视了对虔敬问题的思想背景的考察,也未能从《游叙弗伦》的整体思路上加以把握,使得这一问题一些重要的基本方面仍未得到彻底澄清。从虔敬观念的发展来看,儿子尊敬父亲是希腊传统虔敬观首要的且不可或缺的内涵。因此,倘若我们想了解柏拉图或柏拉图笔下的苏格拉底对游叙弗伦"子告父罪"究竟持有一种什么样的态度,就必须将其置于柏拉图对希腊社会传统虔敬观的批判、继承和改造的大思路下加以把握。而《游叙弗伦》正是围绕"虔敬"主题,全面展现柏拉图关于虔敬之思想的对话作品。本文将从古典解释的角度对《游叙弗伦》所展现的这些基本方面做一番彻底澄清,以推进儒家伦理讨论及中西古典哲学比较的有效展开和深化。

我们将在"虔敬问题"的引导下,从以下四个方面来展开具体阐述。首先,考察苏格拉底的对话者游叙弗伦的身份,指出游叙弗伦作为自负的预言家是虔敬主题的恰当对话者。其次,从思想史角度考察虔敬问题的整个思想背景,指出传统虔敬观是维系古代社会家庭和城邦的根基所在,而且,尊敬父亲是传统虔敬观的首要内涵,是"最神圣的责任"。再次,沿着对话文本的思路,分析柏拉图如何通过对虔敬之定义的步步深入的探讨,揭示传统虔敬观的困境及其内在依据即"诗人神学"的局限性。最

◎ 附录二 苏格拉底眼中的游叙弗伦问题——以柏拉图的虔敬观为视角

后,指出柏拉图通过探讨虔敬与正义的关系来确立虔敬的正当性即在于合乎正义,也就是对个体和城邦"带来好处,而非伤害"。并且通过看护灵魂、追求美德来实现虔敬之正义。传统虔敬观长久以来是古代家庭生活进而也是城邦生活的根基所在,柏拉图或者柏拉图笔下的苏格拉底绝不是要简单否定,乃至颠覆传统虔敬观,而是要把虔敬奠定在一个更为稳靠的基础之上,因此将虔敬之规定由外在的诸神崇拜转向内在灵魂美德,以便更好地实现个体和城邦的正义。游叙弗伦子告父罪,是一种僭越的虔敬观,必然对个体和城邦带来伤害。因此,苏格拉底竭力阻止游叙弗伦的不义之举。

一、游叙弗伦的身份问题

游叙弗伦的"身份问题",关乎本文讨论之主题,而在"争鸣"中似未得到彻底澄清。用苏格拉底的话来说,游叙弗伦的正式身份是预言家。"只怕一旦他们认了真,这结果是祸是福,恐怕只有你们这些预言家(ὑμῖν τοῖς μάντεσιν)才知道啰。"(《游叙弗伦》3e3-4)这是文本中唯——次提到游叙弗伦的身份。柏拉图这里所用的μάντεσιν(复数)源于μάντις,包含两层意思,"说神示的人"或"能预见未来的人"。据雷诺德(Reynolds)的考证,在远古的时候,μάντις指的是能解释诸神意志的人,他们不仅自己常常预言一些事情,还收集并学习以往流传的预言。但随着历史的发展,μάντις逐渐失去了人们的信任。一方面因为他们对专业知识过度自负,另一方面因为他们的"预言"后来往往被证明是错误的。慢慢地,他们被大多数的雅典人看成是"江湖郎中",甚至成为喜剧嘲笑的对象①。从文本语境来看,柏拉图用μάντις指称游叙弗伦,指的就是这样一种预言家。游叙弗伦自己也是这样声称的,"每次我在公民大会上讲诸神的事,向他们预言未来之事,他们就会嘲笑我,好像我疯了一样。事实上,我所预言的事没有一件不是真的"(《游》3c1-4)。此外,柏拉图在《克拉底鲁》(396d-397a)中也提到过游叙弗伦。当时苏格拉底在向赫谟根尼(Hermogenes)解释诸神名称的恰当意义时,提到有一位预言家"游叙弗伦",曾经给他一次特殊的经历。游叙弗伦当时肯定是神灵附体,他向苏格拉底倾吐智慧②。有研究者指出,根据对话中的具体描绘,可知这位游叙弗伦就是本篇对话中苏格拉底的对话者③。需注意区分的是,在这里,柏拉图用了μάντις(预言家),而非后面游叙弗伦的父亲派人去雅典请教的ἐξηγητής(解经师)。事实上,柏拉图为这篇对话安排了一位具有反讽意义的角色。因为当时预言家在民众心目中已没什么好名声,往往是民众嘲笑的对象。而预言家却仍然以自己"非凡的能力"表现出极为自负的性格特征。

此外,"游叙弗伦"这个名字本身也进一步暗示了这个人物的性格特征。Εὐθύφρων,即"游叙弗伦",在希腊语中意为"真

---

① 参见 Noel B. Reynolds, *Interpreting Plato's Euthyphro and Meno*, College of Humanities Publications Center, 1988, p. 32。
② 参见 Maureen A. Eckert, *In Pursuit of Piety: A Translation and Interpretation of Euthyphro*, ProQuest Information and Learning Company, 2004, pp. 151-152。
③ 参见 Debra Nails, *The People of Plato*, Indianapolis: Hackett, 2002, p. 152。

◎ 附录二 苏格拉底眼中的游叙弗伦问题——以柏拉图的虔敬观为视角

诚、直率、全心全意"及"直线思维者"①。对话显示,游叙弗伦的思维就是"直言不讳的"、"笔直的",这或许就是柏拉图反讽的一部分②。但"直言不讳"并非就是"真诚"。虽然游叙弗伦急人所急,将苏格拉底看作是一条船上的人,还积极替苏格拉底做辩护(《游》3a6-7,3c4-6)。但整篇对话充斥着大量的细节和文学性暗示,表明游叙弗伦极为自负,自以为是,尤其是要将父亲告上法庭。

我们在这里之所以要澄清游叙弗伦的身份,主要是基于两点考虑。其一,由于对话探讨的主题是虔敬,关乎诸神事宜,那么,作为预言家,即"诸神事宜的专家"的游叙弗伦成为苏格拉底的对话者是最合适的。只不过柏拉图将其描绘成一位具有反讽意义的对话者。其二,倘若我们将柏拉图的对话看作是对具有特定天性的年轻人的教导③,那么,游叙弗伦的自负天性也使得他成为这一对话最适宜的参与者。苏格拉底的目的就是要"关照年轻人的灵魂","治疗游叙弗伦不受控制的意气,从而防止他做出对其父亲的不义行为"④。正如雷诺德所说,读者最好将柏拉图的对话理解为探讨哲学问题的戏剧作品。我们需要关注的并非人物和事件的真实性,而是将人物及其关系看作是柏拉图创作的某种理想类型,借此来探讨一些重要的哲学问题⑤。因

---

① 罗念生、水建馥编:《古希腊语汉语词典》,商务印书馆,2004年,第341页。
② 参见 Maureen A. Eckert, *In Pursuit of Piety: A Translation and Interpretation of Euthyphro*, p.152。
③ 参见刘易斯:《〈游叙弗伦〉义疏》,见《游叙弗伦》,顾丽玲编译,华东师范大学出版社,2010年,第84页。
④ 参见海门威(Scott R. Hemmenway):《对苏格拉底的哲学审判》,见刘小枫、陈少明主编:《苏格拉底问题》,华夏出版社,2005年,第291页。
⑤ 参见 Noel B. Reynolds, *Interpreting Plato's Euthyphro and Meno*, p.10。

此,正是通过这位自负的预言家游叙弗伦,柏拉图向我们展现了传统虔敬观的整体图景及苏格拉底的基本态度。

二、传统虔敬观的两个阶段

在进入文本之前,我们首先来考察希腊社会传统虔敬观发展的思想背景。《游叙弗伦》这篇对话探讨的主题就是虔敬。据韦斯特的考证,ὅσιος(虔敬)这个希腊词通常指神分派给人的东西,包含两层意思:第一,神要求人完成的事情,包括人与人之间依据宗教法则而言的正确相处,及人对神应有的态度;第二,神允许普通人做的事情,或赐予普通人的东西[1]。这里,对我们而言尤为重要的启示在于,一方面,虔敬表现为人与人之间依宗教法则而言的正确相处,尤其是作为家庭祭司角色的父亲与其他家庭成员之间的相处。我们将在后面详细论述。另一方面,对希腊人来说,人对神应有的态度,这里的"态度"不仅仅是灵魂的虔敬之态度,而且更重要的是指许许多多具体的崇拜行为,主要包括形形色色的献祭、崇拜及净化的仪式。人们将这些未成文的仪式和惯例整个当成"祖先之法",并且极为重视对这一祖先之法的遵从。其重要性即使不超过至少也等同于世俗的成文法[2]。

虔敬,在原初意义上首先表现为家神崇拜,而家神崇拜整个又以父亲的祭司角色为主导。倘若虔敬表现为人与人之间依宗

---

[1] 参见 Thomas G. West and Grace Starry West, *Four Texts on Socrates*, *Plato's Euthyphro, Apology, and Crito and Aristophanes' Clouds*, Cornell University Press, 1995, p. 45。

[2] 参见 Noel B. Reynolds, *Interpreting Plato's Euthyphro and Meno*, p. 28。

◎ 附录二　苏格拉底眼中的游叙弗伦问题——以柏拉图的虔敬观为视角

教法则而言的正确相处，那么，对家庭成员而言，他要成为一位虔敬者，首先必须做到遵从父亲。因此，尊敬父亲成为虔敬首要的且不可或缺的内涵。原始的家庭宗教始于对祖先的祭祀①。每个家庭都有其自己的家神，这些家神是每个家庭的祖先。他们不仅给予家庭以生命，并使其得以生存下去，而且他们有力量赐福或降祸于家庭。因此，每个家庭都负有一种绝对的责任来表达对祖先（家神）的敬意。父亲扮演着祭司的角色。他主持家庭崇拜，决定谁能参加家火②崇拜，还有权决定子女的婚嫁，甚至对孩子充当法官的角色。所以，在古代社会，尊敬父亲被看作是我们"最神圣的责任"③。冒犯父亲则被看作是大不敬的行为。

之后，家神崇拜逐渐演化成城邦的诸神信仰，虔敬的内涵随之扩展为对城邦诸神应尽的诸种责任。古代信仰要人敬拜他的祖先，对祖先的祭祀将全家人聚集于祭坛旁。于是有了最原始的宗教、最原始的祷辞、最原始的义务观念和最原始的道德。随着社会的发展，家庭的组织原则次第延行于胞族、部落、城邦中，相应有了胞族之神、部落之神和城邦保护神④。就像家庭崇拜

---

① 参见库朗热：《古代城邦——古希腊罗马祭祀、权利和政制研究》，谭立铸等译，华东师范大学出版社，2006年，第23—27页。
② 家火是家庭崇拜的主祭坛，那里挂有家庭保护神赫斯提亚的画像。根据古老的习俗，一家之长在举行一切重要的家庭事务时都要以祭司的身份给赫斯提亚献上祭品。同时，赫斯提亚也是各个城邦的保护神。各城邦的执政所在地都有供奉赫斯提亚的祭坛，保持着永不熄灭的圣火。参见泽曼：《希腊罗马神话》，周惠译，上海人民出版社，2005年，第74—78页。另请参见《克拉底鲁》401b1-401d7。
③ 参见 Noel B. Reynolds, *Interpreting Plato's Euthyphro and Meno*, p.30。
④ 参见库朗热：《古代城邦——古希腊罗马祭祀、权利和政制研究》，谭立铸等译，第121页。

祖先,使其得以生存,人们认为,每个城邦也因某个或某些特殊的神而得以存在,这些神就成为城邦的保护神。他们就像家神之于家庭一样看管并保护着城邦。家庭崇拜以家火为中心,而城邦的崇拜也是以邦火为中心。燃烧邦火的祭坛是城邦最神圣的所在。由此,虔敬成了人对城邦诸神应尽的诸种责任,它包含众多世代相传的仪式和典礼。在雅典人心目中,虔敬的本质就是践行这些由神圣的祖先之法所规定的仪式。城邦的诸神信仰形成了一种无所不包的强大习俗,调节着城邦生活的方方面面。有人甚至将这种伟大的习俗称之为"城邦的基本法"[①]。

从上面的分析可知,就家庭层面而言,传统虔敬观表现为以父亲为主导的崇拜活动,并将"尊敬父亲"看作是最大责任。在希腊人的心目中,一个虔敬者的"虔敬"首要表现为对父亲的尊敬。而城邦的诸神信仰作为"城邦的基本法"是城邦共同体生活的根基所在。就古代信仰而言,无论是作为家庭层面的虔敬,还是城邦层面的虔敬,都因赫斯提亚的保护而得以可能。因此,当游叙弗伦得知米利都要去告苏格拉底,他马上就替苏格拉底辩护:米利都"对苏格拉底行不义,只是从赫斯提亚开始来伤害城邦"。这里我们暂且撇开柏拉图借游叙弗伦之口来为苏格拉底做预先的庭外申辩的可能性不论。最关键的是,游叙弗伦极其自负以至于他完全没有意识到,自己"子告父罪"的行为恰恰就是真正对虔敬的首要内涵即"尊敬父亲"致命的打击,才是真正"从赫斯提亚开始来伤害城邦"。

---

① 参见刘易斯:《〈游叙弗伦〉义疏》,见柏拉图:《游叙弗伦》,顾丽玲编译,第76页。

◎ 附录二 苏格拉底眼中的游叙弗伦问题——以柏拉图的虔敬观为视角

三、传统虔敬观与诗人神学

接下来,我们将通过《游叙弗伦》的文本本身来理清柏拉图对这种传统虔敬观的整体思考。

从前面的分析可知,游叙弗伦的做法违背了世代相传的祖先之法,违背了传统虔敬观。同时,他的做法也不符合当时雅典的法律规定。根据当时的法律,对于谋杀案,只有受害者的亲属才有权提出指控。如果受害者是奴隶,则可由主人提出起诉①。因此,当苏格拉底得知游叙弗伦要去告父亲时的第一反应就是:"你父亲杀死的肯定是你家里什么人吧?显然你不会为了一个别的什么非亲非故的人追究你父亲杀人。"(《游》4b4-6)苏格拉底的话也暗示了当时的雅典法律并没有明确禁止指控父亲。只要罪行涉及的是家庭成员,那么另一位家庭成员可以向父亲提出指控。但游叙弗伦显然是要抹杀外人与家人的区别②,要替一位雇工提出指控。"真可笑,苏格拉底,你竟然认为被害人是外人、家人,这有什么区别。相反,人们只需看看这个杀人者他杀人到底合不合正义。要合于正义,就随他去。要不合正义,就

---

① 关于这一点请参见 Thomas C. Brickhouse and Nicholas D. Smith, *Plato and The Trial of Socrates*, Routledge, New York, 2004, p. 13; John Burnet, *Plato's Euthyphro, Apology of Socrates and Crito*, Oxford University Press, 1979, p. 102; Noel B. Reynolds, *Interpreting Plato's Euthyphro and Meno*, p. 38。
② 家人与外人之间的区别恰恰是传统的家庭宗教所包含的重要意义。每个家庭都有自己的祖先之神,所有的祭祀等宗教活动都是家庭内部"私下秘密举行",外人不得参加。参见库朗热:《古代城邦——古希腊罗马祭祀、权利和政制研究》,谭立铸等译,第23—27页。

得告他,哪怕这个杀人者与你同用一个炉灶,同用一个餐桌。如果你明明知道这等事,还与这样的人在一起而不去告他,以便洁净你自己和他,那么,你和他都会同沾这种血污(μίασμα)。"(《游》4b7-4c1)游叙弗伦在陈述中强调,"被杀害的人是我的(ἐμός)一个雇工",用ἐμός(我的)一词回应苏格拉底的质疑,试图表明这个死者对他而言并非"外人"。游叙弗伦认为,雇主可以代表雇工的利益而提出诉讼,就像庇护者可以代表居住在雅典的侨民的利益,但这与当时雅典的法律不符。并且毫无疑问,王者执政官最终也会驳回游叙弗伦的指控①。

　　游叙弗伦指控父亲给出的动机是要洁净"血污"。这里的μίασμα(血污),指的是(因杀人造成的)污染,比喻凶杀罪。游叙弗伦认为,血污主要将在家庭成员中传染,因为他们同在一个家火边崇拜,同用圣餐。然而,游叙弗伦对"血污"的认定未必能成立,原因有二。一是这个雇工死于自然原因(被捆着,又饿又冷),因而这里不存在谋杀,也就不存在血污。二是杀死一个杀人犯并不产生血污,反而可以去除血污②。这位雇工因酗酒先杀了游叙弗伦家里的一位奴隶,他本身就是杀人犯。如果雇工当场被抓,那么,游叙弗伦的父亲甚至就有合法权力当场处决这个杀人犯。在这种情形下,派人去解经师那里请教,已经是一种不寻常的谨慎行为。而如果当时将杀人犯带回家里,给他吃的,就像游叙弗伦大概希望的那样,那将污染这个家庭③。当然,这

---

① 参见 John Burnet, *Plato's Euthyphro, Apology of Socrates and Crito*, p. 104。
② Ibid., p. 107。
③ R. E. Allen, *Plato's Euthyphro and the Earlier Theory of Forms*, New York: Humanities Press, 1970. 转引自刘易斯:《〈游叙弗伦〉义疏》,见柏拉图:《游叙弗伦》,顾丽玲编译,第112页。

◎ 附录二　苏格拉底眼中的游叙弗伦问题——以柏拉图的虔敬观为视角

并不意味着游叙弗伦所面对的问题没有办法得到解决。这里有两种可能的方式。其一，那位雇工的亲属可以提出对游叙弗伦父亲的指控。这是法律的解决方式。当然，在这里，父亲的罪名能否成立尚成问题。其二，如果雇工亲属没有提出起诉，那么，游叙弗伦也可以去请教解经师，如何洁净雇工杀奴隶而造成的血污以及父亲"杀"雇工而造成的二次血污。这是宗教的解决方式。这也就是说，如果父亲的"杀人"罪名成立的话，即使游叙弗伦从法律上看并无资格指控父亲，但仍可以通过宗教的方式来解决血污的问题。柏拉图只是想通过这样一个模棱两可的案件来展现传统虔敬观的困境所在。

事实上，我们并不清楚游叙弗伦的父亲在这件事情上究竟应该承担多大的罪责，相反，从宗教和法律的角度来看，父亲的做法合情合理。游叙弗伦要以血污为理由指控自己的父亲，显然不能成立。游叙弗伦还抱怨家人对他的指责，他们认为儿子告父亲是不虔敬的。游叙弗伦对家人则是一副轻蔑的态度，"他们根本不知道什么虔敬、什么不虔敬这类诸神事宜"(4e1-3)。苏格拉底以反问的形式来表达对游叙弗伦的质疑，"难道你真的确信自己知道有关诸神事宜……就像你自己说的，发生这类事情的时候，你把你父亲告上法庭，难道你真不担心自己落个不虔敬的下场？"(4e4-8)苏格拉底说话一向审慎，很少直陈自己的观点，而往往以别人的观点为讨论的出发点。在对话中，他常常用"就像你说的那样"诸如此类的表达(6b1-4,6b7-c4,7b2-4,9c1,9d4-5,11e5等)，最后往往表明，苏格拉底对对方的观点持保留态度。在这里，苏格拉底则是要提醒游叙弗伦，他这样的做法很可能落个不虔敬的下场。游叙弗伦的自负本性使他急于与普通民众划清界限,"如果我连这些道理都搞不清,岂不是太没出息啰,我游叙弗伦跟普通人还有什么差别?"(4e9-5a2)游叙弗伦用名字称呼自己,就像他是一种独特的存在,或者一个公正的见证人,见证他自己的伟大①。

于是,苏格拉底假装要做游叙弗伦的学生,向他请教诸神事宜,以便在法庭上对付米利都。苏格拉底问,到底什么是虔敬。游叙弗伦回答,虔敬就是他现在所做的,即指控父亲,因为虔敬就是惩罚不义者(τῷ ἀδικοῦντι)(5d8-e2)。关于这一习俗(τοῦ νόμου)②,游叙弗伦给出了一个"千真万确的证据","那些人既相信宙斯是最好、最正义的神,宙斯的父亲不义地吞噬了自己的那些儿子,他们也赞成,宙斯以其人之道还治其人之身,将自己的父亲捆绑起来阉割了。我父亲做错了事,我要告他,他们却义愤填膺。看来,他们对神和对我的看法截然不同"。游叙弗伦鄙视民众,但当他要诉诸神法时,又不得不求助于民众的普遍看法。游叙弗伦显然认为,这些诸神的例子能够为他现在的行为提供正当性。事实上,游叙弗伦不仅没有发现他的案件与宙斯事件并不具有可比性③,而且撇开了人法与神法之间的本质区别。传统虔敬观要求人们遵从诸神的旨意,而非要人模仿诸神。而游叙弗伦的潜台词就是,虔敬就是做神所做,这种对虔敬

---

① 参见刘易斯:《〈游叙弗伦〉义疏》,见柏拉图:《游叙弗伦》,顾丽玲编译,第113页。
② 公元前5世纪,曾经有过一场关于习俗与自然的大争论,即传统的宗教信仰、道德和法律究竟是基于自然,还是基于不同习俗的著名争论。参见 John Burnet, *Plato's Euthyphro*, *Apology of Socrates and Crito*, p.113。
③ 其中最关键的一点在于,宙斯的父亲所杀害的是他自己的儿子,游叙弗伦的父亲所"杀害"的却是一个雇工。倘若游叙弗伦的父亲杀害的是家人的话,游叙弗伦确实有资格告父亲。

◎ 附录二 苏格拉底眼中的游叙弗伦问题——以柏拉图的虔敬观为视角

的理解是一种僭越式的虔敬观。

接着,游叙弗伦给出了关于虔敬的第二种定义,虔敬即为神所喜。因为,苏格拉底抱怨游叙弗伦之前的说法,只是教会他个别的虔敬之事,他想要知道的是所有虔敬之事之所以虔敬,它的理型(εἶδος)①是什么。于是,游叙弗伦提出,为神所喜就是虔敬。他试图进一步表明父亲对待雇工的行为是不义的,所有神都赞成他指控父亲。而苏格拉底则揭示出诸神之间经常在关乎正义与不义、好与坏等问题上意见不合,而且,虔敬之所以虔敬在于虔敬本身,为神所喜只是虔敬的属性。

柏拉图通过这两个关于虔敬的定义,事实上指出了传统虔敬观的内在依据就是诗人的神话故事。在对话中,苏格拉底非常审慎地表达了他对这样一类故事的保留态度(《游》7d8-9,7e2-8a1)。因为这类神话故事中充斥着大量关于诸神之间意见不合、相互争斗的事情。不同的神有着不同的喜好,同一件事情有可能这些神喜爱,而另一些神厌恶。就像游叙弗伦指控父亲这件事,宙斯和赫菲斯托斯可能会喜欢,而克洛诺斯、乌拉诺斯和赫拉可能会厌恶(《游》8b1-4)②。人们无论是模仿诸神,还是取悦诸神,都会不可避免地陷入困境。

事实上,这种对"诗人神学"的批判,一直是柏拉图关注的主题之一。在《理想国》中,柏拉图就区分了"好的故事"和"坏的故

---

① εἶδος(理型),或译为"理念"、"相"。εἶδος最初是一个用来说明几何图形的词。比如,当我们说"这是一个三角形"时,无论某个特殊的三角形它的边长如何,对于谓词"三角形",它必定有一个相同的特征性本质。苏格拉底想要追问的正是虔敬的这个特征性本质。参见 John Burnet, *Plato's Euthyphro*, *Apology of Socrates and Crito*, p.111.
② 因为前两者主动惩罚了父亲,而后三者却是儿子惩罚父亲这种行为的受害者。

事",提出要接受那些编得好的故事,而拒绝那些编得坏的故事。所谓坏的故事,指的就是"赫西俄德和荷马以及其他诗人所讲的坏故事",因为它们甚至"把最伟大的神描写得丑恶不堪"。柏拉图认为,诗人所编的这类故事不应该在城邦中多讲,"更不应该把诸神或巨人之间的争斗,把诸神与英雄们对亲友的种种怨仇作为故事和绣袍①的题材"。因为这一类故事会对城邦民众产生误导,乃至产生这样的想法:"对一个大逆不道,甚至想尽方法来严惩犯了错误的父亲的人也不要大惊小怪,因为他不过是仿效了最伟大的头号天神的做法而已。"(《理想国》377c-378e)我们发现,游叙弗伦正是这类故事的典型受害者。而所谓好的故事,则是那些能够彰显神的本质的故事。诸神只能成为好的事情的原因,而绝不能成为坏的事情的原因。也就是说,诸神只对人类一切好的事物负有责任(《理想国》379a-c,《游》15a1-2)。不论是否存在神的本质,这里的关键在于,从教育的意义上看,诸神的故事必须有益于共同体中个人的成长,有益于城邦生活,这才具有存在的合理性。

柏拉图通过苏格拉底与游叙弗伦之间层层推进的探讨,向我们展现了传统虔敬观的内在依据的不稳靠。诗人的神话神学由于其内部不可调和的矛盾,在当时代的背景下,已经无法真正有效地引领人们走向善的生活,故柏拉图对其多有批判。但其所批判的是传统虔敬观不稳靠的依据即诗人神学,而绝非对虔敬本身的拒绝。柏拉图即使要为城邦共同体"重新立法",也绝

---

① 这里提到的绣袍,很可能就是《游叙弗伦》中苏格拉底所说的,大万神节,雅典人为雅典娜献上的一件大绣袍,由雅典的少女们手工缝制,上面绣满了诸神与巨人们之间争斗的故事。

不可能将这种世代流传下来的,并且还在持续发挥奠基作用的虔敬之信仰轻易地否定,乃至颠覆。倘若那样的话,就相当于把古人的生活根基整个儿抽离掉了。

四、虔敬的正当性在合乎正义

在前面关于虔敬的两个定义中,柏拉图已经将虔敬与诸神的喜好区分开来,接下来,柏拉图讨论了关于虔敬的第三个定义,即作为实践技艺的虔敬。其中包含三个小回合,直接将虔敬置于正义之基础上。"为了让虔敬成为正确行为的原因,虔敬本身就必须提供一种能够引领虔敬者的知识。而唯一可以得到的独立的、实践的模型就是技艺。"[1]柏拉图通过对这一虔敬定义的讨论,分析并反驳了游叙弗伦对虔敬的三种错误理解。虽然最终仍未得出关于虔敬的确切定义,但柏拉图确立了一点,即虔敬的正当性在合乎正义。

苏格拉底通过敬畏与恐惧的关系以及数目与偶数的关系这两个例子,引导游叙弗伦接受这样一个结论,即虔敬是正义的一部分。那么,究竟正义的哪个部分是虔敬?游叙弗伦回答,"敬神且虔敬的那部分正义是照料神的,而剩下的那部分正义是照料人的。"(《游》12e5-7)这里,定义虔敬的角度已经从诸神的喜好转向了人——虔敬是人对神的照料[2]。于是,苏格拉底提出,

---

[1] 参见刘易斯:《〈游叙弗伦〉义疏》,见柏拉图:《游叙弗伦》,顾丽玲编译,第159页。
[2] 参见 Maureen A. Eckert, *In Pursuit of Piety: A Translation and Interpretation of Euthyphro*, p.111.

照料的技艺可以给被照料的对象带来某种好处,那么,对诸神的照料技艺是否给诸神带来什么好处,抑或能让诸神变得更好(《游》13a1 - c9)？游叙弗伦意识到不能这样来理解"照料",于是将虔敬理解为作为主仆的照料技艺。游叙弗伦在这里将虔敬理解为对神的照料或侍奉,这是当时人们普遍接受的观念,柏拉图指出,这种观念并没有正当依据。

　　苏格拉底继续追问,诸神把我们当仆人,他们能得到的极好结果究竟是什么(《游》13e10 - 11)？事实上,虔敬作为一种实践技艺,如果它真能带来好结果的话,包含对神和对人两方面。苏格拉底在前两个回合没提对人而言的好处。于是探讨推进到第三回合,即作为交易的技艺。苏格拉底继续刨根问底,游叙弗伦做了最后努力。他说,如果一个人懂得祈祷和献祭,说一些话、做一些事,让神欢心,就是虔敬。这能保佑每个家庭,也能保佑城邦的公共生活。反之,若不能取得诸神的欢心,那么这些事情就不敬神,它就会颠倒一切、摧毁一切(《游》14b2 - 7)。苏格拉底进一步将其阐释为：献祭就是给诸神送礼物,而祈祷就是对神有所祈求。合理的祈求就是祈求一些我们需要从诸神那里得到的东西,而合理的给予就是给予他们碰巧需要从我们这里得到的东西(《游》14d9 - 10,14e1 - 2)。于是,苏格拉底最后得出：虔敬成了人神之间的一种交易。然而游叙弗伦对这一结论并不满意,在苏格拉底的继续追问之下,借口开溜了。

　　我们可以看到,柏拉图首先将虔敬定义的探讨置于正义的基础之上,先确定了一点,即虔敬是正义的一部分。从对话的推

◎ 附录二　苏格拉底眼中的游叙弗伦问题——以柏拉图的虔敬观为视角

进来看,柏拉图将这里的正义①首先理解为"带来好处,而非伤害",正如苏格拉底一再说的,"对诸神的照料,能给诸神带来什么好处,或者使诸神变得更好""诸神将我们当仆人,他们能得到的极好结果究竟是什么"? 从苏格拉底和游叙弗伦的讨论结果来看,虔敬之正义恰恰是"我们从诸神那里得到所有好处,而诸神在我们这里却一无所获"。而游叙弗伦上面的这个回答可以说是"半错半对"。"错"在于他仍然将虔敬理解为为神所喜。"对"则在于他指明了虔敬的正当性,即虔敬的正义恰恰就表现在能"保佑每个家庭,也能保佑城邦的公共生活",而不虔敬则会"颠倒一切、摧毁一切"。柏拉图在这里暗示了一点:倘若我们将虔敬置于正义的视角下,那么,虔敬与诸神的喜好甚至诸神本身都没有关系。虔敬的正义并非关乎神,而是关乎人本身。在这里,柏拉图事实上已经给虔敬之探讨确立了一个基石,即虔敬必须合乎正义,而且是合乎关于人本身的正义。

那么,如何来实现虔敬之正义呢? 苏格拉底在《申辩》中将看护灵魂看作是敬神的最好方式。他相信,"在我对神的侍奉上,没有别的事比这(看护灵魂)对城邦更有益"(《申辩》30a)。苏格拉底认为,即使死亡意味着意识的完全丧失,每个人仍然有足够的理由去提升自己的灵魂:你是以你自身来度过这一天,因此,如果你可以过上更好的一天,为何要去过更差的一天呢?② 因此,为了提升灵魂,苏格拉底终其一生不断探究。正如

---

① 柏拉图在《理想国》中探讨了关于"正义"的多种含义以及正义本身如何作为人的基本美德等问题,这些问题较为复杂,亦非本文论述之重点,这里暂且不作展开论述。
② 参见沃拉斯托斯(Gregory Vlastos):《苏格拉底的悖论》,见刘小枫、陈少明主编:《苏格拉底问题》,华夏出版社,2005年,第137页。

苏格拉底所说,"未经审察的生活是一种不值得过的生活"(《申辩》38a)。只要关于善的"理念"还是不清楚的,那么人类的善就是成问题的(《理想国》505a-b,505d-506a)。因此,在苏格拉底看来,要想实现虔敬之正义,一个人必须提升自己的灵魂,追求美德。苏格拉底希望游叙弗伦也能成为这样一位探究者。

在这里,柏拉图试图将虔敬置于一种更加稳靠的基础即人的灵魂美德之上,从而引导人们走向善的生活。这样一来,柏拉图就将虔敬之规定从外在的诸神崇拜转向了人内在的灵魂美德,使虔敬成为人的美德之一①。柏拉图将虔敬等诸美德置于正义之原则上,使美德本身获得了真正的正当性。但这样一种美德的获得,不是建立在摒弃"虔敬"之上的,毋宁说是建立在对传统虔敬观的继承和改造之基础上,其目的不外乎维护个体与城邦的稳定、美好的生活。

结语

传统虔敬观是维系希腊社会家庭生活和城邦生活的根基所在,因而,对虔敬问题的探讨是关乎家庭和城邦生死存亡的重大问题。在柏拉图那个时代,传统虔敬观已逐渐暴露出种种问题,面临着严重的困境。柏拉图在《游叙弗伦》中,不仅呈现了这种困境及其内在原因,而且试图走出这一困境。一方面,柏拉图指

---

① 在《理想国》(427e)中,柏拉图提出著名的四种基本美德,即智慧、节制、勇敢和正义。但在《普罗塔戈拉》(329d,330b-c,349b,359a)中,柏拉图多次提到有五种美德,即增加了虔敬。此外,在《拉克斯》199d、《美诺》78d 及《高尔吉亚》507b 也提到了虔敬。

出，传统虔敬观出现的种种矛盾和弊端，源于其内在依据即诗人神学的局限性，并对诗人神学作了深刻批判。另一方面，柏拉图希望为一种理想的虔敬观找到一个更加稳靠的基石。柏拉图首先确立了一点，虔敬的正当性在于合乎正义。然后将虔敬之内涵由外在的诸神崇拜转向内在的灵魂美德，也就是将虔敬建立在灵魂美德的基础之上。因此，柏拉图或者柏拉图笔下的苏格拉底绝不是要简单地否定传统虔敬观，更不是要去颠覆它，而是为了解决其困境，以便更好地实现个体和城邦的正义。柏拉图在《游叙弗伦》中讨论虔敬问题的整个思路恰恰表明古代希腊社会伦理转向的必要性和可能性。

柏拉图对虔敬问题的这一探讨，是以游叙弗伦"子告父罪"案例而展开的。游叙弗伦的做法不仅违反了传统虔敬观的首要内涵即"尊敬父亲"，也不符合当时习俗和法律的做法，是一种僭越的虔敬观，必然给个体和城邦带来巨大的伤害。因此，在游叙弗伦"子告父罪"问题上，无论柏拉图还是柏拉图笔下的苏格拉底，必定持一种否定的态度。

附录三

从《游叙弗伦》看苏格拉底的敬神[1]

---

[1] 本文原刊发于《现代哲学》2007年第3期。内容稍有修改。

苏格拉底的敬神——柏拉图《游叙弗伦》疏解

苏格拉底之死可算是哲学史上的一个千古之谜,由此而引发的对苏格拉底敬神之探讨亦为许多研究者孜孜以求。在《泰阿泰德》结尾处,苏格拉底告诉我们,他马上要赶去王者执政官门廊(βασίλειος στοά)①听候执政官预审(ἀνάκρισις)②,有个叫米利都的人指控他(《泰阿泰德》210d)③。在《申辩》中,苏格拉底再次向我们道明,米利都指控他的罪名就是不信城邦神(θεοὺς),信神灵(δαιμόνια)④,败坏青年(《游》24c)⑤。面对这一"不敬神"的指控,苏格拉底力图澄清,他是敬神的,因为,他之所以老是缠着别人刨根问底,无非就是为了澄清德尔菲的神谕⑥。他以这一独特的行动来表明自己对神的侍奉。但仅凭

---

① 王者执政官是九位执政官之一,继承了古代国王的祭礼职责,执掌几乎所有古代城邦的公共祭礼活动。他由人民任命,任期一年。其职责大部分是仪式性的。
② "预审"是古希腊时期王者执政官的一项职能。参见 John Burnet, *Plato's Euthyphro Apology of Socrates and Crito*, Oxford University Press, 1979, p.82。
③ Plato, *Theaetetus*, in *Plato Complete Works* Ⅰ, translated by M. J. Levett, Edited by John M. Cooper, Hackett Publishing Company, 1997, p.234.《柏拉图全集》第一册中的 *Euthyphro*, *Apology*, *Crito and Phaedo* 均由 G. M. A. Grube 翻译。本文出现的其他诸篇对话的引文均参照现有的中译本和 Cooper 的英译《柏拉图全集》而译出,译文有所改动。随文标明篇名和编码。以下同。
④ θεοὺς οὓς ἡ πόλις νομίζει ου νομίζοντα, ἕτερα δαιμόνια καινά, 这里值得引起我们注意的是,前者的"神",柏拉图用的是"θεοὺς",后者是"δαιμόνια",即苏格拉底经常说起的"神灵"。根据 Grube 的翻译,分别为"gods","spiritual things"。有些中译本直接将其译成"旧神"、"新神",似有不妥。
⑤ 参见 John Burnet, *Plato's Euthyphro Apology of Socrates and Crito*, p.35。
⑥ 凯瑞丰曾去德尔菲问神谕,是否有人比苏格拉底更聪明? 得到的回答是"没有"。参见《申辩》21a4—10。

◎ 附录三　从《游叙弗伦》看苏格拉底的敬神

《申辩》我们仍然无从知道苏格拉底究竟信不信城邦神，更不用说这种敬神态度背后的根据问题了①。正是在《游叙弗伦》中，苏格拉底与游叙弗伦讨论虔敬(ὅσιον)问题，我们才可能了解苏格拉底对城邦神的真实态度②。那么，苏格拉底又是如何来展现其自身的敬神态度的呢？苏格拉底的敬神与其作为哲人的智慧之间有一种怎样的内在关联？

一

《游叙弗伦》的对话发生在苏格拉底受指控之后，因而，在这一对话中，到处充满对这一事件的提示。苏格拉底由于受到米利都的指控，在王者执政官门廊等着受预审③；而游叙弗伦来到门廊是为了指控父亲杀人，在对话的结尾，他突然想起来，还有急事要办(《游》15e3)。我们可以推测，他刚刚做完执政官的预审，从门廊里面出来，碰上了苏格拉底，就扯着苏格拉底搭话，于

---

① Marlo Lewis, "An Interpretation of Euthyphro", *Interpretation*, May, 1984, p. 225.
② 本文对《游叙弗伦》的解读，重点在于探究苏格拉底的敬神问题。《游叙弗伦》涉及的另一个重要问题，即游叙弗伦指控父亲的行为与儒教思想中"亲亲互隐"的相反主张的关系问题，近年来也受到不少研究者的关注。参见孙霄舫：《其父攘羊——孔子与苏格拉底》和威科特：《儿子能指控父亲吗？——孔子与柏拉图是如何看待儿子指控父亲的行为》，载郭齐勇主编：《儒家伦理争鸣集——以"亲亲互隐"为中心》，湖北教育出版社，2004 年，第 762—777 页。
③ 预审作为古代雅典城邦诉讼的一项重要程序，在这篇对话中或许有着特别的意味。游叙弗伦完成了的预审，经这一对话重新受到质疑；而苏格拉底未开始的预审，则在这一对话中提前展开。可以说，游叙弗伦和苏格拉底的预审，通过这篇对话同台登场。此外，作为预审法官的王者执政官一直没有真正出场，他的这一缺席是否意味着柏拉图想让每位读者自己做出一个判断，抑或让预审赤裸裸地处于正义的审视之下。

是就有了《游叙弗伦》"关于虔敬"(περὶ ὁσίου)①主题的这番探讨。在这里，我们首先需要引起注意的是，游叙弗伦与苏格拉底的出场是以"法律诉讼中的原告与被告的身份出现的"②，是否可以这样说，在这里，苏格拉底为自己在公开审判之前作了一次预先的"申辩"，虽然不是主动直接的，却为其《申辩》中的自我辩护作了某种程度的铺垫③。

《游叙弗伦》给出了三个关于虔敬的定义，但苏格拉底最终都迫使这些定义陷入了困境，那么苏格拉底究竟要将虔敬引向何方？这种指引的背后透露出苏格拉底自身怎样的敬神立场？

首先，我们来看游叙弗伦给出的第一个定义：虔敬即做神所做。

> 要我说，虔敬就是我现在所做的，杀人也好，盗窃神物

---

① 据韦斯特的考证，ὅσιος在希腊文中通常指的是神分派给人的东西。这里包含两层意思。第一，神要求人完成的事情，这不仅包含人与人之间的正确相处(主要由宗教法则所构成的人与人之间的关系)，也包含人对神应有的态度；第二，神允许普通人做的事情，或赐予普通人的东西(非针对宗教人士，如祭司) (Thomas G. West and Grace Starry West, *Four Texts on Socrates*, *Plato's Euthyphro*, *Apology*, *and Crito and Aristophanes' Clouds*, Cornell University Press, 1995, pp. 45 – 46)。此外，关于虔敬，柏拉图还使用了另一个希腊文单词，即εὐσεβές(敬神)。εὐσεβές的意思与ὅσιος相似，不过，根据柏拉图在具体语境中的运用，一般在普遍意义上讨论虔敬概念时往往都用ὅσιος，而εὐσεβές大多用于指称某个具体的虔敬行为或事件，如苏格拉底的敬神行为。本文也根据这一原则而交替使用这两个概念。
② Marlo Lewis, "An Interpretation of Euthyphro", *Interpretation*, May, 1984, p. 231.
③ 围绕苏格拉底的审判这一主题，《游叙弗伦》与柏拉图其他对话作品之间的关系，除了前面所提及的 Marlo Lewis 的义疏外，亦可参赫兰特(Jacob Howland)的《政治哲学的悖论：苏格拉底的哲学审判》(*The paradox of Political Philosophy: Socrates' Philosophic Trial*), Lanham, MD: Rowman & Littlefield, 1998; James A. Colaiaco:《苏格拉底对雅典人：哲学审判》(*Socrates against Athens: Philosophy on Trial*), Routledge, 2001.

也好,或者干其他诸如此类的坏事,不管这干了不义之事的人碰巧是你父亲也罢,母亲也罢,还是其他什么人都好,都得告他,否则就不虔敬……那些人既相信宙斯是最好、最正义的神,宙斯的父亲不义地吞噬了自己的那些儿子,他们也赞成,宙斯以其人之道还治其人之身,将自己的父亲捆绑起来阉割了。我父亲做错了事,我要告他,他们却义愤填膺。看来,他们对神和对我的看法截然不同(5e1—6a5)。

游叙弗伦对人们的这种自相矛盾显然非常不满。因为雅典城邦民似乎抱有这样一种看法,宙斯惩罚自己的父亲是正义之举,而游叙弗伦指控父亲却为不义之举。我们不难发现,在游叙弗伦的抱怨中包含着这样一个预设:人与神属于同一个等级,因此相似的行为应得到相似的对待。可是,其他人显然并不如此看待。

即便如此,游叙弗伦与宙斯的处境在很大程度上并不具有可比性[①]。游叙弗伦指控父亲的起因在于:游叙弗伦家的一位雇工因酗酒杀死家里的一位奴隶,他父亲就将这雇工的手脚绑起来扔在沟里,然后派人到城里的解经师那里询问该如何处理。结果,还没等派去的人回来,那雇工因饥寒交迫而死。于是,游叙弗伦要指控他的父亲犯有杀人罪。游叙弗伦与宙斯处境的差异在于:其一,宙斯的父亲科洛诺斯吃掉自己的子女,而游叙弗伦的父亲并没要杀害游叙弗伦或其他子女;其二,宙斯的父亲科

---

① Marlo Lewis, "An Interpretation of Euthyphro", *Interpretation*, May, 1984, p. 254.

洛诺斯所犯的是故意杀人罪，而游叙弗伦的父亲最多也只能算因疏忽大意而杀人；其三，科洛诺斯所犯的是家庭谋杀，宙斯通过惩罚父亲，来为自己的兄弟姐妹报仇，而游叙弗伦却是为了一个外人，即雇工。我们且不说做神所做是否必然敬神，游叙弗伦在这里的行为与宙斯并不具可比性，因而，建立在此基础之上的效仿并不可靠。

游叙弗伦指控父亲的依据在于，虔敬即做神所做。由此，我们从游叙弗伦的身上可以看到他试图超越习俗虔敬观而做的努力。习俗(νόμος)①的虔敬观②认为，虔敬在于做神让我们做的事情。游叙弗伦并不满足于像普通城邦民那样，顺从诸神的旨意，做神让我们做的事情。正是在这一点上，游叙弗伦努力凸显自己的与众不同，尤其将自己与城邦民之间划清界限(《游》3c,4e,5a,6a)。

但这里仍然有一个问题。倘若真如游叙弗伦所言，虔敬即做神所做，那么，游叙弗伦的意思似乎就是，宙斯要我们效仿他，这才算得上敬神。但宙斯自己并不服从任何人，那么，如果宙斯要我们效仿他的话，我们就不该服从任何人，包括宙斯。于是，

---

① 本文讨论所关涉的"习俗"，基本上是νόμος意义上的习俗。包括两层含义：一则指习惯、习俗、风俗；二则指法律、法规。如在古代雅典，νόμοι就专指梭伦制定的法典。从这一意义上来看，苏格拉底违背城邦的习俗，同时也就违反了当时的法律，因而才有审判事件。参见罗念生、水建馥编：《古希腊语汉语词典》，商务印书馆，2004年，第574页。
② 在古代希腊城邦，虔敬据说就是依照祖先的习俗，对祖先诸神的崇拜。城邦祖先的习俗是由诸神或半神半人或神的门徒所制定的。这种习俗，至少在最初是城邦最高的基本法，它决定着城邦的等级结构，就像统治阶层的最高命令和决定。同时，这种习俗几乎无所不包，还具体调节祭祀活动、民众舆论以及其他事务。参见 Marlo Lewis, "An Interpretation of Euthyphro", *Interpretation*, May, 1984, p.225。

只有当我们不服从宙斯的时候,恰恰是我们最敬宙斯的时刻。这是一个永远无法解决的两难处境。

二

苏格拉底此时并没有捅破游叙弗伦的虚妄,他继续推进问题,追问游叙弗伦:所有虔敬的事之所以虔敬,它的样式(εἶδος)是什么(《游》6d11)?于是,游叙弗伦只能顺着苏格拉底的思路,给出了虔敬的第二个定义,为神所喜即虔敬,否则就不虔敬(《游》7a1)。

苏格拉底显然并不满足于这样一个大而化之的答案,他要继续追究。他的思路是,先假定游叙弗伦的定义有理,在此基础上再逐步提出疑问。正如在之前的谈话中提到的,苏格拉底首先提出,诸神相互争吵,彼此不和,充满敌意(《游》7b2),那么,他们究竟因为什么原因意见不合呢?苏格拉底继续解释,诸神之间不可能因事物的数量、大小或重量而意见不合,而只会因诸如正义与不义、高贵与卑贱、好与坏这类事物而有分歧(《游》7b2—8a8)。如此一来,问题就出现了。倘若同样的事物,既受某些神的喜爱,又受另一些神的厌恶,同样的事物就成了既虔敬又不虔敬。依此而论,游叙弗伦指控父亲一事,或许为宙斯所喜爱,却可能为科洛诺斯和乌拉诺斯所厌恶(《游》8b),那么,这一指控行为究竟虔敬还是不虔敬呢?事实上,苏格拉底在这里还没有指出一个更为有害的结论,如果诸神所厌恶的东西就是不虔敬,而诸神之间又彼此意见不合,那是否意味着诸神自身就不虔敬呢?

不过,这里的关键问题在于,游叙弗伦指控父亲的依据是祖先习俗,更确切地说,是那些充满诗歌与绘画意象的诸神故事的习俗(《游》6b5—c8)①,这种祖先习俗只会让游叙弗伦陷入一种尴尬处境。因为,同样根据祖先习俗,儿子控告父亲是不虔敬的(《游》4e)②。即便如此,游叙弗伦将虔敬理解为为神所喜,从某种意义而言,仍是对习俗虔敬观的一种超越。关键在于如何理解"为神所喜"?当然,如果神所喜欢的就是献祭和祈祷,那么,这一定义就暗含着某种习俗虔敬观的倾向。

当然,关于诸神"彼此不和",这里还有一种解决方式,即在诸神中寻找一位最正义的神,以他的喜恶为标准来确定是否虔敬。问题在于,倘若如此,我们为何不直接模仿正义本身,而要去模仿这位代表正义之样式的神呢?当然,倘若非要绕开正义之样式,也并非不可。根据习俗的观点,善等同于祖先的、古老的,因此,最好的神即最古老的神。关于这一观点的正当性,从历史的现实来看,在某种程度上确实有效,但深究其根据,仍然成问题,因为善与古老之间并不具有必然关系。或许正因如此,苏格拉底接下来就将讨论引向了正义(《游》11e3)。

三

在接下来的讨论中,苏格拉底将谈话引向这样一个问题,正

---

① 柏拉图的对话始终暗含着与诗人之间的一种紧张。而苏格拉底受到指控,其渊源除了智术师以外,亦与诗人(尤其阿里斯多芬)有关(《申辩》18b—19a)。
② 在城邦的家庭生活中,父亲享有至高的地位。父亲不仅是一家之主,而且还是家庭的大祭司。冒犯父亲是一件危险的事。参见库朗热:《古代城邦——古希腊罗马祭祀、权利和政制研究》,谭立铸等译,华东师范大学出版社,2006年,第75—83页。

义的哪一部分是虔敬的?游叙弗伦回答,敬神且虔敬的那部分正义是照料神的,而剩下那部分正义是照料人的。于是,游叙弗伦在这里给出了关于虔敬的第三个定义:虔敬作为照料技艺。苏格拉底在这里给出了两点疑问:首先,如果照料神的技艺就像照料马或牛的技艺,那么,看来并不是人人都适合去照料神。因为,事实上只有驯马师或牧牛人才知道照料马或牛的技艺。这样一来,照料神就是少数人的事,敬神亦成为少数人的事。其次,倘若照料的目的是给照料的对象带来好处,那么,一个人照料神究竟能给神带来什么好处呢?游叙弗伦这时不得不做出让步:诸神并不因为我们的照料得到什么好处,诸神并不因我们的照料而变得更加神圣(《游》13c)。于是,苏格拉底将讨论引向了另一个方向,即人通过对神的照料能得到什么好处(《游》13e10)。这时,游叙弗伦显然有些不耐烦,只好匆匆给出一个答案:

> 如果一个人懂得祈祷和献祭,说一些话,做一些事,让神欢心,那么,这些就是虔敬。这能保佑每个家庭,也能保佑城邦的公共生活。与此相反,若不能取得诸神的欢心,那么这些事情就不敬神,它会颠倒一切,摧毁一切。(《游》14b2—4)

苏格拉底将游叙弗伦这里所说的祈祷和献祭进一步引申为对神有所祈求,有所给予。这样一来,虔敬似乎就成了人神之间一种交易技艺(《游》14e6-7)。游叙弗伦虽然并不情愿这样一种说法,但他还是接受了。于是,游叙弗伦绕了一大圈,最终还是回到了习俗虔敬观,即虔敬即在于祈祷和献祭。

我们暂且不说游叙弗伦的父亲杀人是否合理,但游叙弗伦却因此要指控其父亲。从两人的对话中,我们可以发现,游叙弗伦的指控根据极不可靠。而且,更为有害的是,游叙弗伦通过这一自以为是的行为,对家庭和城邦,尤其是对城邦习俗的虔敬方式将产生极为有害的影响。苏格拉底与游叙弗伦谈话的意图之一就在于:让游叙弗伦重新回到习俗虔敬观,并打消其指控父亲的念头。但结果究竟如何,我们不得而知①。

由此,"《游叙弗伦》向我们传达了一个惹人气恼的半真理"②。在苏格拉底的步步引导下,游叙弗伦所给出的关于虔敬的三个定义,由高至低,最后回到了习俗的虔敬观。在这篇对话中,游叙弗伦确非习俗虔敬观的典型代表,相反,在他身上可以看到一种试图超越传统习俗伦理的努力。但在问题的推进中,探讨本身却揭示了习俗虔敬观的内在依据——那些充满诗歌与绘画意象的诸神故事,同时也让我们明白苏格拉底对这种习俗虔敬观的基本态度——维护同时又质疑,以及这种态度背后的深刻依据。然而,也正是这种哲人式的质疑和探究,将苏格拉底最终推上了雅典法庭。

四

那么,苏格拉底本人的敬神态度究竟又怎样?从他与游叙

---

① 《游叙弗伦》的结尾并没有给出关于虔敬定义的最终结论,亦未说明游叙弗伦是否最终放弃对父亲的指控。
② 施特劳斯:《论〈游叙弗伦〉》,见贺照田主编:《西方现代性的曲折与展开》,吉林人民出版社,2002年,第194页。施特劳斯这篇关于《游叙弗伦》的义疏,其开头和结尾都直接点明,《游叙弗伦》向我们传达的是"一个惹人气恼的半真理"。

◎ 附录三 从《游叙弗伦》看苏格拉底的敬神

弗伦的交谈中,我们至少可以得出一个结论,苏格拉底对习俗虔敬观及其依据确实心存疑问,一直到对话的结尾,苏格拉底还追着游叙弗伦问究竟。但另一方面,他以其独特的方式来践行敬神。苏格拉底在《申辩》中多次提到要听从神的旨意,要侍奉神之类的话(《申辩》29d1-30b1,35c6-e1,40a3-c2)。倘若我们仔细深入文本,就会发现,苏格拉底将看护灵魂看作是侍奉神的最好方式。他相信,"在我对神的侍奉上,没有别的事比这(看护灵魂)对城邦更有益"(《申辩》30a)。因此,他在审判大会上还向雅典城邦民呼吁:

> 尊敬的朋友们,你们这些生活在最伟大之城雅典的城邦民,拥有着最伟大的智慧和力量,你们费尽心思地聚敛财物、追逐名誉和声望,既不关心、也不困扰于真理、智慧以及灵魂的提升,你们不为此深感羞愧吗(《申辩》29d-e)?

如果《申辩》中关于灵魂的说法是真的,也就是说,灵魂能够带着它所有的理智去往冥府,那么,苏格拉底在《斐多》中对灵魂的描绘确实令人愉悦。他说,这样的生命将使他拥有不可言说的幸福。但苏格拉底并没有排除他所提到的另一种可能性,即死亡意味着意识的完全丧失。但即便如此,苏格拉底认为,每个人仍然有足够的理由去提升他自己的灵魂:你是以你自身来度过这一天。因此,如果你可以过上更好的一天,为何要去过更差的一天呢?

正是由于苏格拉底对灵魂的这种关照,使他终其一生四处奔走,不断地去探究知识。他在审察别人的过程中也审察自己,

苏格拉底的敬神——柏拉图《游叙弗伦》疏解

正如他自己所言：

> 克利提亚，你的作为好像是我承认过，我向你所提的问题，我自己就知道答案似的，而且，只要我愿意，我就可以把答案给你似的。但实际上并非这么回事。我是在跟你一起探求……因为我自己也没有知识（《卡尔米德》165d）。……你怎么会以为我提出问题反驳你是别有用心呢？我本该做的就是审察自己，以免我愚弄了自己，以为自己知道那些我事实上并不知道的事情（《卡尔米德》166c-d）。

苏格拉底如此这般的探究背后究竟包含着怎样的智慧？众所周知，柏拉图提出过著名的四种基本美德，即智慧、节制、勇敢和正义（《王制》427e）。但是，倘若对照《普罗塔戈拉》的话，我们不禁发现，柏拉图多次提到有五种美德，即增加了虔敬[①]。这种变化不能不引起我们的注意。苏格拉底的这种探究是否恰恰就是其最大的敬神？他以这种独特的方式来表达自身的敬神，同时也透露出其作为哲人的智慧。这种智慧就在于苏格拉底对习俗恰当接纳，在其对灵魂的精彩描绘，在其为自己的公开审判的辩护。苏格拉底的敬神最后在其哲人智慧中得到了最高的肯定。

苏格拉底说，"未经审察的生活是一种不值得过的生活"（《申辩》38a）。如此一来，我们似乎可以理解这一点：只要关于

[①] 在《普罗塔戈拉》中多次提到有五种美德。（329d,330bc,349b,359a），此外，提到虔敬的地方还有《拉克斯》199d、《美诺》78d 及《高尔吉亚》507b。

善的"理念"还是不清楚的,那么人类的善就是成问题的。(《王制》505a - b,505d - 506a)苏格拉底正是以其独特的探究方式,不断地审察自己和别人的生活。

那么,苏格拉底提出要看护灵魂,其目的究竟何在?看护灵魂或许并不在于来世福祉的允诺①,而恰恰在每个人活的当下,这是否正是实现正义的途径之所在?这是否正是苏格拉底的智慧抑或真正的敬神所在?

在整个探讨过程中,苏格拉底并没有明确点明习俗虔敬观之根据的正当性问题,他只是不断地去追问,从而让对话者自己去思考②。那么,在对待敬神事宜上,为何苏格拉底如此地维护习俗虔敬观,如此地强调灵魂的看护,这其中是否蕴涵着苏格拉底圣人般的智慧?尽管其中的问题仍然错综复杂,《游叙弗伦》已经为我们开启了一扇通往智慧的大门。

尽管如此,关于苏格拉底的审判及其敬神依然是一个千古之迷。但《游叙弗伦》或许能为我们思考与体悟古代圣哲之智慧提供一个很好的切入点。

---

① 正如苏格拉底在大地颂歌中所描绘的,参见《斐多》110b5 - 115a2。
② 亦有人对苏格拉底的这种探询方式提出过疑义,如弗拉斯托斯,他认为,苏格拉底的失败背后隐含着一种爱的失败。苏格拉底虽然关心人的灵魂,但这种关心却是有限的,而且是有条件的。也就是说,如果要拯救一个人的灵魂,就必须按照他的方式而得到拯救。参见弗拉斯托斯:《苏格拉底的悖论》,见顾丽玲译:《苏格拉底问题》,载《经典与解释》第八期,华夏出版社,2005年,第146页。

参考文献

一、柏拉图的《游叙弗伦》译注本和义疏本（按出版时间先后排列）

1. K. F. Hermann, *Platons Euthyphron*, Leipzig, 1852.
2. G. H. Well, *The Euthyphro of Plato*, London, 1880.
3. M. Wohlrab, *Platons Euthyphron*, Leipzig, 1880.
4. M. Schanz, *Sammlung ausgewählter Dialoge Platons* [mit Komm.], Leipzig, 1887.
5. J. Adam, *Platonis Euthyphro*, Cambridge, 1890.
6. C. E. Graves, *Plato: Euthyphro and Menexenus*, London, 1891.
7. Benjamin Jowett, *The Dialogues of Plato*, Translated into English with Analysis and Introductions, 4 Vols., University of Chicago Press, 1895.
8. John Burnet, *Platonis Opera*, Oxford University Press, 1899–1906.
9. W. A. Heidel, *Plato's Euthyphro*, New York, 1902.
10. St. G. Stock, *The Euthyphro of Plato*, Oxford, 1909.

11. T. R. Mill and A. F. Watt (eds.), *Plato: Crito and Euthyphro*, London, University Tutorial Press, 1911.

12. Leob, *Euthyphro, Apology, Crito, Phaedo Phaedrus*, Trans. by Harold North Fowler, Harvard University Press, 1914.

13. A. Croiset, *Platon. Euthyphron* [Gesamtausg. Bd. 1], Paris, 1922.

14. John Burnet, *Plato: Euthyphro, Apology of Socrates and Crito*, Oxford University Press, 1924.

15. H. N. Fowler, *Plato: Euthyphro, Aplology, Crito, Phaedo, Phaedrus*, Loeb Classical Library, 1927.

16. I. E. Kalitzunakis, *Der Begriff der Frömmigkeit in Platons Dialog Euthyphron und die Abfassungszeit dieser Schrift*, Berlin, 1930.

17. K. Reich, *Platon über die Frömmigkeit. Übers. u. Nachwort*, Krefeld, 1948.

18. Edgar Salin, *Platon Euthyphron, Laches, Charmides, Lysis*, Basle, 1950.

19. R. Stark, *Platons Dialog Euthyphron*, in *Annales Univ. Saraviensis I*, 1952.

20. O. Gigon, *Platons Euthyphron*, in *Westöstliche Abhandlg*, Wiesbaden, 1954.

21. F. J. Church, *Euthyphro, Apology, Crito, Phaedo Translation Revised*, with an Introduction by R. D. Cumming, Indianapolis, 1956.

22. W. F. Otto, *Platon Saemtliche Werke*, Hamburg, 1957.
23. E. Hamilton and H. Cairns (eds.), *The Collected Dialogues of Plato*, Princeton University Press, 1961.
24. K. Reich, *Platon Euthyphron*, Hamburg, [mit Übers.], 1968.
25. Hugu Tredennick, *The Last Days of Socrates, Euthyphro Apology, Crito, Phaedo*, translated by Hugu Tredennick and Harold Tarrant, introduction and notes by Harold Tarrant, Penguin books, 1969.
26. R. E. Allen, *Plato's Euthyphro and the Earlier Theory of Forms*, New York, 1970.
27. Udo Frings, *Platon Euthyphron und Texte zur Religionskritik*, Verlag Aschendorf Münster, 1977.
28. H. Hofmann, *Platon Euthyphron und andere Dialoge Platons* [Text und Übersetzung], Darmstadt 1977.
29. John E. Hare, *Plato's Euthyphro*, Bryn Mawr Commentaries, 1981.
30. Lazlo Versenyi, *Holiness and Justice: An Interpretation of Plato's Euthyphro*, Lanham, University Press of America, 1982.
31. Ian Walker, *Plato's Euthyphro*, Scholars Press, 1984.
32. Plato, *The Dialogues of Plato*, Volume 1: *Euthyphro, Apology, Crito, Meno, Gorgias, Menexenus*, translated with comment by R. E. Allen, Yale University Press, 1984.

33. Marlo Lewis, "An Interpretation of the Euthyphro", in *Interpretation*, May & Sept. 1984, pp. 225 – 259; January 1985, pp. 33 – 65.

34. Noel B. Reynolds, *Interpreting Plato's Euthyphro and Meno*, Brigham Young University, 1988.

35. Leo Strauss, "On Euthyphro", in *The Rebirth of Classical Political Rationalism*, Selected and Introduction by Thomas L. Pangel, The University of Chicago Press 1989, pp. 187 – 206.

36. Thomas G. West and Grace Starry West, *Four Texts on Socrates—Plato's Euthyphro, Apology, and Crito and Aristophanes' Clouds*, Translated with notes by Thomas G. West and Grace Starry West, Introduction by Thomas G. West, Cornell University Press, 1995.

37. John Cooper and Hutchinson, D. S. (eds.), *Plato: Complete Works*, Indianapolis: Hackett Publishing Company, 1997.

38. Otto Leggewie, *Euthyphron*, uebersetzt und herausgegeben von Otto Leggewie, Reclam, Stuttgart, 1998.

39. Jacob Howland, *The Paradox of Political Philosophy: Socrates' Philosophic Trial*, Lanham, MD: Rowman & Littlefield, 1998.

40. M. Crombie, *An Examination of Plato's Doctrines*, New York, the Humanities Press, 2002.

41. Jacques A. Bailly, *Plato's Euthyphro and Clitophon*, Focus Publishing, 2003.

42. Maureen A. Eckert, *In Pursuit of Piety: A Translation and Interpretation of Plato's Euthyphro*, ProQuest Information and Learning Company, 2004.

43. T. Brickhouse and N. Smith, *Plato and the Trial of Socrates*, Routledge, 2004.

44. 柏拉图：《柏拉图对话集六种》(包含《游叙弗伦》、《申辩》、《克力同》、《斐多》、《普罗塔戈拉》、《美诺》)，张师竹初译，张东荪改译，商务印书馆，1933年。

45. 柏拉图：《游叙弗伦 苏格拉底的申辩 克力同》，严群译，商务印书馆，1983年。

46. 柏拉图：《苏格拉底最后的日子》[包含《欧梯佛罗》(《游叙弗伦》)、《申辩》、《克里托》(《克力同》)和《费多》(《斐多》)]，余灵灵、罗林平译，上海三联书店，1988年。

47. 柏拉图：《〈游叙弗伦〉译注》，彭文林译注，台湾广阳译学出版社，1998年。

48. 柏拉图：《辩护辞》[包含《欧梯佛洛篇》(《游叙弗伦》)、《辩护词》(《申辩》)、《克里同篇》(《克力同》)和《费多篇》(《斐多》)]，水建馥译，西安出版社，1998年。

49. 柏拉图：《柏拉图全集》，王晓朝译，人民出版社，2002—2003年。

50. 柏拉图：《柏拉图对话集》[包含《欧悌甫戎篇》(《游叙弗伦》)等12篇对话]，王太庆译，商务印书馆，2004年。

51. 柏拉图：《西方大哲苏格拉底的最后时日》，屈瑞登尼克英译,谢善元中译,台湾学生书局,2007 年。

二、柏拉图其他主要著作(译注本和义疏本)

52. E. R. Dodds, *Gorgias*, A Revised Text with Introduction and Commentary, Oxford University Press, 1959.

53. Allan Bloom, *The Republic*, New York: Basic Books, 1968.

54. Leo Strauss, *The Argument and the Action of Plato's Laws*, The University of Chicago Press, 1975.

55. Jacob Klein, *Plato's Trilogy: Theaetetus, the Sophist, and the Statesman*, The University of Chicago Press, 1977.

56. Thomas L. Pangle, *The laws of Plato*, Basic Books, Inc. Publishers. 1980.

57. Larry Goldberg, *A Commentary on Plato's Protagoras*, Peter Lang Publishing Inc. , 1983.

58. Stanley Rosen, *Plato's Sophist: The Drama of Original and Image*, Yale University Press, 1983.

59. C. J. Rowe, *Phaedrus*, with translation and commentary, Warminster: Aris & Phillips Ltd. , 1986.

60. Seth Benardete, *Socrates' Second Sailing: On Plato's Republic*, The University of Chicago Press, 1989.

61. Willian S. Cobb, *The Symposium and the Phaedrus: Plato's Erotic Dialogues*, Translated with Introduction and Commentaries, State University of New York

Press, 1993.

62. S. R. Slings, *Plato's Apology of Socrates*, A Literary and Philosophical Study with A Running Commentary, E. J. Brill, 1994.

63. Stanley Rosen, *Plato's Stateman: The Web of Politics*, Yale University Press, 1995.

64. Stanley Rosen, *Plato's Symposium*, Indiana：S. T. Augustine's Press, 1999.

65. Leo Strauss, *On Plato's Symposium*, Edited and with A Foreword by Seth Benardete, The University of Chicago Press, 2001.

66. Scott Comsigny, *Gorgias: Sophist and Artist*, University of South Carolina Press, 2001.

67. Ernst Heitsch, *Platon Apologie des Sokrates*, Uebersetzung und Kommentar, Vandenhoeck & Ruprecht in Goettingen, 2002.

68. 柏拉图：《理想国》，郭斌和、张竹明译，商务印书馆，1986年。

69. 柏拉图：《柏拉图〈对话〉七篇》，戴子钦译，辽宁教育出版社，1998年。

70. 柏拉图：《斐多》，杨绛译，辽宁人民出版社，2000年。

71. 柏拉图：《法律篇》，张智仁、何勤华译，上海人民出版社，2001年。

72. 《政治家篇》，黄克剑译，中国青年出版社，2002年。

73. 《柏拉图〈克拉梯楼斯〉》，彭文林译注，台湾联经出版社，

2002年。

74.《柏拉图的〈会饮〉》,刘小枫等译,华夏出版社,2003年。

三、相关研究文献(按作者姓氏首字母排列)

A. 西人原文文献

75. Alexander Nehamas, *The Art of Living: Socratic Reflections from Plato to Foucault*, University of California Press, 2000.

76. Andrew S. Mason, *Plato*, Acumen Publishing Limited, 2010.

77. Ann N. Michelini (ed.), *Plato as Author: The Rhetoric of Philosophy*, Koninklijke Brill NV, 2003.

78. Charles H. Kahn, *Plato and the Socratic Dialogue: The Philosophical Use of a Literary Form*, Cambridge University Press, 1996.

79. Christopfier Bruell, *On the Socratic Education: An Introduction to the Shorter Platonic Dialogues*, Rowman & Littlefield Publishers Inc., 1999.

80. Debra Nails, *The People of Plato: A Prosopography of Plato and Other Socratics*, Hackett Publishing Company, 2002.

81. G. Vlastos, *The Paradox of Socrates*, Queen's Quarterly, 64, 1957–1958, pp. 496–516.

82. Gary Alan Scott, *Plato's Socrates as Educator*, State University of New York Press, 2000.

83. Gregory Vlastos, *Socrates: Ironist and Moral Philosopher*, Cornell University Press, 1991.

84. Harold Tarrant, *Plato's First Interpreters*, Cornell University Press, 2000.

85. I. M. Crombie, *An Examination of Plato's Doctrines*, The Humanities Press, 2002.

86. James A. Colaiaco, *Socrates against Athens: Philosophy on Trial*, Routledge, 2001.

87. John Leavitt (ed.), *Poetry and Prophecy: The Anthropology of Inspiration*, University of Michigan Press, 1997.

88. John R. Wallach, *The Platonic Political Art: A Study of Critical Reason and Democracy*, Pennsylvania State University Press, 2001.

89. Josef Pieper, *Enthusiasm and Divine Madness*, S. T. Augustine's Press, 2000.

90. Leo Strauss, *Socrates and Aristophanes*, The University of Chicago Press, 1980.

91. Leo Strauss, *The City and Man*, University of Chicago Press, 1964.

92. Leo Strauss, *What is Political Philosophy and Other Studies*, The Free Press of Glencoe, Illinois, 1959.

93. Mary P. Nichols, *Socrates and the Political Community*, State University of New York, 1987.

94. Paul Shorey, *What Plato Said*, The University of

Chicago press, 1933.

95. Richard Robinson, *Plato's Earlier Dialectic*, New York, Oxford University Press, 1953.

96. Ruby Blondell, *The Play of Character in Plato's Dialogues*, Cambridge University Press, 2002.

97. Schleiermacher, *Introductions to the Dialogues of Plato*, Translated from the German by William Dobson. New York: Arno Press, 1973.

98. Seth Benardete, *The Argument of the Action: Essays on Greek Poetry and Philosophy*, the University of Chicago Press, 2000.

99. Thomas A. Blackson, *Ancient Greek Philosophy: From the Presocratics to the Hellenistic Philosophers*, Blackwell Publishing, 2011.

100. Walter Burkert, *Greek Religion*, translated by John Raffan, Harvard University Press, 1985.

101. W. K. Guthrie, *A History of Greek Philosophy* (IV-V), Cambridge: Cambridge University Press, 1978.

B. 西人文献中译本

102. 阿里斯托芬:《阿里斯托芬喜剧六种》,收入《罗念生全集》第四卷,罗念生译,世纪出版集团、上海人民出版社,2004。

103. 巴克:《希腊政治理论——柏拉图及其前人》,卢华萍译,吉林人民出版社,2003年。

104. 布鲁姆:《巨人与侏儒》,秦露等译,华夏出版社,2003年。

105. 德拉孔波等编:《赫西俄德:神话之艺》,吴雅凌译,华夏出版社,2004年。

106. 狄金森:《希腊的生活观》,彭基相译,华东师范大学出版社,2006年。

107. 第欧根尼·拉尔修:《名哲言行录》,马永翔等译,吉林人民出版社,2003年。

108. 芬利主编:《希腊的遗产》,张强等译,上海人民出版社,2004年。

109. 汉密尔顿:《希腊精神》,葛海滨译,辽宁教育出版社,2003年。

110. 荷马:《奥德赛》,王焕生译,人民文学出版社,2004年。

111. 荷马:《伊利亚特》,罗念生、王焕生译,人民文学出版社,2004年。

112. 赫丽生:《古希腊宗教的社会起源》,谢世坚译,广西师范大学出版社,2004年。

113. 赫西俄德:《工作与时日·神谱》,张竹明等译,商务印书馆,1996年。

114. 库朗热:《古代城邦——古希腊罗马祭祀、权利和政制研究》,谭立铸等译,华东师范大学出版社,2006年。

115. 罗斑:《希腊思想和科学精神的起源》,陈修斋译,广西师范大学出版社,2003年。

116. 罗森:《启蒙的面具》,吴松江等译,辽宁教育出版社,2003年。

117. 罗森:《诗与哲学之争》,张辉译,华夏出版社,2004年。

118. 色诺芬:《回忆苏格拉底》,吴永泉译,商务印书馆,2001年。

119. 施特劳斯：《自然权力与历史》，彭刚译，三联书店，2003年。

120. 施特劳斯等编：《政治哲学史》，李天然等译，河北人民出版社，1998年。

121. 斯宾格勒：《西方的没落》，齐世荣等译，商务印书馆，2001年。

122. 泰勒：《柏拉图——生平及其著作》，谢随之、苗立田、徐朋译，山东人民出版社，1996年。

123. 泰勒：《苏格拉底》，周濂、朱万国译，山东人民出版社，1998年。

124. 泰勒主编：《从开端到柏拉图》，韩冬晖等译，中国人民大学出版社，2003年。

125. 韦尔南：《神话与政治之间》，余中先译，三联书店，2001年。

126. 亚里士多德：《雅典政制》，日知、力野译，商务印书馆，1999年。

127. 亚里士多德：《政治学》，颜一等译，中国人民大学出版社，2003年。

128. 约翰·索利：《雅典的民主》，王琼淑译，上海译文出版社，1999年。

C. 国内文献

129. 包利民：《生命与逻各斯——希腊伦理思想史论》，东方出版社，1996年。

130. 邓晓芒：《儒家伦理新批判》，重庆大学出版社，2010年。

131. 顾准：《希腊城邦制度》，中国社会科学出版社，1982年。

132. 郭齐勇编：《儒家伦理新批判之批判》，武汉大学出版社，2011年。

133. 郭齐勇主编：《儒家伦理争鸣集——以"亲亲互隐"为中心》，湖北教育出版社，2004年。

134. 刘小枫：《凯若斯——古希腊语文教程》，华东师范大学出版社，2005年。

135. 刘小枫编：《施特劳斯与古典政治哲学》，上海三联书店，2002年。

136. 汪子嵩、范明生等：《希腊哲学史》第二卷（智者、苏格拉底、柏拉图），人民出版社，1997年。

137. 王宏文、宋洁人：《柏拉图研究》，山东人民出版社，1991年。

138. 王晓朝：《希腊宗教概论》，上海人民出版社，1997年。

139. 余纪元：《〈理想国〉讲演录》，中国人民大学出版社，2009年。

四、工具书

140. Liddell and Scott, *Greek-English Lexicon* (Abridged Edition), Oxford University Press, 1977.

141. M. C. Howatson and Ian Chilvers, *Oxford Dictionary of Classical Literature*，上海外语教育出版社，2004.

142. Marinus Pütz, *Lexikon der Antiken Gestalten*, Stuttgart, 1995.

143. Kai brodersen und Bernhard Zimmermann, *Metzler Lexikon Antike*, Stuttgart, 2000.

144. Christoph Horn und Christof Rapp, *Wörterbuch der*

antiken Philosophie, München, 2002.

145. 罗念生、水建馥编:《古希腊语汉语词典》,商务印书馆,2004年。

图书在版编目(CIP)数据

苏格拉底的敬神——柏拉图《游叙弗伦》疏解/顾丽玲著. —上海：
复旦大学出版社,2013.9
ISBN 978-7-309-09977-5

Ⅰ. 苏…　Ⅱ. 顾…　Ⅲ. 柏拉图(前427~前347)-哲学思想-研究　Ⅳ. B502.232

中国版本图书馆 CIP 数据核字(2013)第 177349 号

苏格拉底的敬神——柏拉图《游叙弗伦》疏解
顾丽玲　著
责任编辑/陈　军

复旦大学出版社有限公司出版发行
上海市国权路 579 号　邮编：200433
网址：fupnet@fudanpress.com　http://www.fudanpress.com
门市零售：86-21-65642857　团体订购：86-21-65118853
外埠邮购：86-21-65109143
上海华教印务有限公司

开本 890×1240　1/32　印张 7.25　字数 157 千
2013 年 9 月第 1 版第 1 次印刷

ISBN 978-7-309-09977-5/B·483
定价：25.00 元

如有印装质量问题，请向复旦大学出版社有限公司发行部调换。
版权所有　侵权必究